Rheinland NRW

Umschlaginnenseite vorn: Bahnnetz und Startpunkte der Routen

Umschlaginnenseite hinten: Straßennetz und Startpunkte der Routen

DUMONT RADWANDERN

Übersichtskarten in den Umschlaginnenseiten zeigen, von wo aus die einzelnen Routen starten.

Ein Essay stimmt auf jede Route ein, weist auf das Typische und Sehenswerte im jeweiligen Gebiet hin.

Karten im Maßstab 1:50 000 oder 1:75 000 – auf Basis von Karten des Landesvermessungsamtes Nordrhein-Westfalen bzw. Rheinland-Pfalz – zeigen den jeweiligen Routenverlauf:

 Start der Route

 Sehenswertes an der Route

 Fernradwanderweg

 Fernradwanderweg

 Bahnhof

 Information

 Steigung

 Parkplatz

 Schutzhütte

Kartenbegleitende Texte
1 Die Beschreibung der Route:
Skizzierung des Wegverlaufs mit Entfernungsangaben, Schwierigkeitsgrad (Steigungen), Einkehrmöglichkeiten sowie die Anfahrt mit Rad, Bahn oder Auto, Adressen von Touristeninformationen vor Ort sowie eine ausführliche Streckenbeschreibung (Die Tour)

2 Legenden zu Sehenswertem an der Route (wo erforderlich mit Öffnungszeiten)

Etwa ein Drittel der in diesem Buch zusammengestellten Routen geht auf eine Kampagne von Radio NRW im Sommer 1993 zurück: Damals forderten die nordrheinwestfälischen Lokalradios die Hörer ihres Sendegebiets zu einer Sonntags-Radel-Aktion auf, wobei die entsprechenden Routen von den lokalen ADFC-Untergliederungen erstellt wurden. Robert Stamm hat einige dieser ADFC-Touren – die Routen 1, 7, 10, 12, 13, 15, 18, 22, 25, 28, 38 – für die vorliegende Publikation über- und weitere Touren erarbeitet. Detlev Arens verfaßte die begleitenden Essays und stellte die Sehenswürdigkeiten entlang der Route zusammen.

Die Deutsche Bibliothek - CIP Einheitsaufnahme
Arens, Detlev:
Rheinland, NRW / Detlev Arens ; Robert Stamm. -
Köln : DuMont, 1995
 (Radwandern ; Bd. 1)
ISBN 3-7701-3428-1
NE: Stamm, Robert:; GT

© 1995 DuMont Buchverlag, Köln
Alle Rechte vorbehalten
Druck und buchbinderische Verarbeitung: Druckhaus Cramer, Greven

Printed in Germany ISBN 3-7701-3428-1

Rheinland NRW

**Detlev Arens
Robert Stamm**

Inhalt

Routen

Vorwort		6
1	Kleve und die Düffel	8
2	Am Niederrhein um Emmerich	12
3	Xanten, Rheinaue und Hochwald	16
4	Zwischen Kevelaer und Goch	20
5	Geldern – Issum und zurück	24
6	An den Krickenbecker Seen	28
7	Rund um die Süchtelner Höhen	32
8	Zwischen Elmpt und Brüggen	36
9	Wege um Wegberg	40
10	Von Moers nach Westen	44
11	In und um Krefeld	48
12	Mönchengladbacher Umland	52
13	Der Düsseldorfer Süden	56
14	Von Düsseldorf ins Neandertal	60
15	Leverkusener Flußpartien	64
16	Um Bergisch Gladbach	68
17	Gummersbach und Umgebung	72
18	Im Wuppertaler Südosten	76
19	Zwischen Wupper und Bever	80
20	Im Windecker Ländchen	84
21	Zwischen Hennef und Merten	88
22	An Rhein und Sieg	92
23	An der Lebensader Kölns	96
24	Knechtsteden und Zons	100
25	Entlang der Erft	104
26	Von der Ville an den Rhein	108
27	Durch den Kottenforst	112

28 Lokalitäten in Bonn	116	Abbildungs- und Kartennachweis	165
29 Im Siebengebirge	120	Register	166
30 Rheinbacher Umland	124		
31 Zwischen Mechernich und Kall	128		
32 Wege zwischen Urft und Erft	132		
33 Blankenheim und Umgebung	136		
34 Eine Fahrt durch das Rurtal	140		
35 In der Rur-Eifel	144		
36 In und um Monschau	148		
37 Stolberger Glanz	152		
38 Aachener Naturschätze	156		
39 Durch das Wurmtal	160		
40 Zwischen Jülich und Linnich	164		

Die Touren ...

Daß vor einer Tagestour mit dem Fahrrad dessen Betriebstüchtigkeit überprüft und zweckmäßige Kleidung eingeplant werden sollte, versteht sich fast von selbst. Einige Zusatzinformationen können die Planung einer Fahrradtour jedoch noch abrunden. So erteilen die meist kommunalen Verkehrsämter auch Informationen über eventuelle Übernachtungsmöglichkeiten oder Veranstaltungen. Hier erfährt man auch, wo man - im Falle eines Falles - sein Fahrrad reparieren oder ein Fahrrad ausleihen kann.

Grundsätzlich besteht die Möglichkeit, Fahrräder mit dem Zug oder der S-Bahn zu transportieren. Um sich allerdings vor Fahrtbeginn noch einmal abzusichern und den Preis zu erfahren, genügt ein Anruf bei der Deutschen Bahn AG.

Die Touren orientieren sich da, wo möglich, an den Überregionalen Fahrradwegen und sind daher, soweit diese auch ausgeschildert sind (grünes Fahrradpiktogramm auf weißem Grund mit Radweg-Nummer und Entfernungsangaben), leicht nachzuvollziehen.

Während der Autofahrer ›seine Schilder‹ überall sofort wiedererkennt, hört für den Fahrradfahrer der Wiedererkennungswert der Beschilderung oft schon an der Kreisgrenze auf. So sollte er sich nicht wundern, wenn die Ausschilderung der Überregionalen Fernradwege im Rheinland, obwohl immer von gleicher Stelle bewilligt und gefördert, oft unterschiedlich ausfällt: Man findet z. B. ›R 20‹ neben ›FR 20‹ oder ›20‹. Es kann allerdings auch passieren, daß der Radweg überhaupt nicht ausgeschildert ist. Die Streckenbeschreibung dieses Radwanderführers ist für solche Fälle ›gerüstet‹, so daß es kein Problem sein dürfte, dennoch den richtigen Weg zu finden.

Die Autoren empfehlen dem ungeübten Radwanderer, zunächst einige ›Schnuppertouren‹ im Norden und Nordwesten des Rheinlandes zu unternehmen, die sich aufgrund geringer Steigungen und vorbildlicher Beschilderung als Einstieg besonders eignen. Mit Hilfe der detaillierten Karten, der Tourenbeschreibungen und mit etwas Mut zur Improvisation dürfte dem Vergnügen des Sehens und Entdeckens nun nichts mehr im Wege stehen.

Robert Stamm

Die Essays ...

Der Namensteil Nordrhein ist ein ›Verlegenheitskürzel‹, kein Zweifel. Aber auch die Wendung ›nordrheinwestfälisches Rheinland‹ läßt nicht erahnen, daß sich unter diesem Kürzel eine gute Zahl prägnanter Landschaften zusammenfindet. Auf sie möchte dieses Buch neugierig machen.

Selbstverständlich ist es kein flächendeckendes Unternehmen. Es spiegelt aber die Region in immerhin 40 Radwanderungen und hat ein besonderes Auge auf den spezifischen Reiz einer Gegend oder Stadt. Die Tagestouren sind zwischen 25 und 45 km lang, sie führen über Nebenstrecken, ab und zu kann sich auch ein Stück unbefestigter Weg einschieben. Aber alle können mit Tourenrädern bewältigt werden, weder Mountainbikes noch Rennräder sind nötig.

Wir beginnen im Norden, wo Westfalen Nordrhein am heftigsten nach Westen drängt, ihm auf der rechten Stromseite kaum noch Platz läßt. Der Rhein tritt hier noch einmal durch eine Art Pforte - gebildet durch den Klever Sternberg auf der linken und Hochelten auf der rechten Seite -, um sich dann in sein Mündungsdelta zu verzweigen.

Zwischen Duisburg und der niederländischen Grenze haben seine Ufer noch etwas von der Weite und Großzügigkeit bewahrt, die eine ursprüngliche Stromauenlandschaft auszeichnen. Und gerade der Radwanderer darf sich auf das Wechselspiel von urbanen Kulissen (Emmerich, Rees, Xanten) und Feuchtwiesen freuen. Seine Weise der Fortbewegung, also in der Zügigkeit geruhsam, ist dem ›Erfahren‹ dieses Naturraums besonders angemessen.

Noch ein wenig tiefer im Westen, aber doch schon ein Stück weiter südlich, lockt der Naturpark Schwalm-Nette. Mit seinen Seen, Brüchen, Heiden und Mooren hat er einen ungewöhnlich hohen Bestand an Biotop-Ressourcen, auch dort setzt unser Tourenbegleiter einen Schwerpunkt. Aufschlußreich übrigens, daß selbst auf den ersten Blick oft so urwüchsige Gegenden sich zum nicht geringen Teil menschlichen Eingriffen verdanken. Das Thema Kulturlandschaft vergegenwärtigt sich hier besonders deutlich und ist auch für dieses Buch ein Thema mit vielen Variationen.

Mit Eifel und Bergischem Land sind der Region dann sozusagen Flügel gewachsen, nun endlich greift sie beiderseits des Rheins aus. Zwar fordern die Mittelgebirge den Radwanderer mehr heraus als die Ebene, doch mit den verbesserten Gangschaltungen der letzten Jahre haben diese Anstiege ja ohnehin ihre Schrecken weitgehend verloren.

Gerade die Mittelgebirge bewahren Lebensräume - etwa mit den Hangmooren im Bergischen Land und den Kalkmagerrasen in der Eifel -, die eine traditionelle Nutzung mitgeschaffen hat. Dort führten die hergebrachten Wirtschaftsweisen eben nicht zur Verarmung der heimischen Tier- und Pflanzenwelt, sondern im Gegenteil zu ihrer Bereicherung.

Aber zu Nordrhein gehören auch die Städte. Wir haben hier die Routen möglichst so gelegt, daß sie den urbanen Zentren eigene Perspektiven abgewinnen. Sie präsentieren also nicht nur Bekanntes, sondern suchen vielmehr nach den heute oft verborgenen Lebensqualitäten einer Stadt.

Demnach fehlen auch die kritischen Zwischentöne nicht. Sie sind um so angebrachter, als gerade die folgenden Seiten ein imposantes Panorama der Region Nordrhein entwerfen und damit deutlich machen: Es lohnt sich, diesen Reichtum zu bewahren und wo immer möglich zu mehren. Wenn die Radwanderer-Leser davon ebenfalls überzeugt sind, kann das den Autoren nur recht sein.

Detlev Arens

Kleve und die Düffel

Vom Vogelparadies in die Gärten des Barock

Kleve mit seinem weithin sichtbaren Wahrzeichen, dem Schwanenturm, ist Ausgangspunkt der Tour. Von dort geht es um den Kranenburger Bruch, nach Zyfflich und Millingen und durch die Düffel, mit 3600 ha das größte Feuchtwiesenreservat am Niederrhein.

Lange hat es ja gedauert, bis hier der Rhein – bzw. die Waal, sein linker Mündungsarm – nicht mehr nach Belieben über die Stränge schlagen konnte. Das erste deutsche Deichbauprivileg gilt dem Kranenburger Bruch und stammt aus dem Jahr 1343. Die immer ausgefeiltere Flußregulierung ließ dem Rhein, lange der absolute Herrscher über diese Gegend, nur noch eine Domestikenrolle.

Ausgedehnte Weiden entstanden, einiges Land kam sogar unter den Pflug. Heute tragen Grünland, Heckenzüge, Weidengebüsche, Flachmoore, Pappelreihen und nicht zuletzt die Dörfchen mit den (restaurierten) Windmühlen ihr Teil zum Charakterbild einer niederrheinischen Landschaft bei, die trotz mancher Verluste ihre Eigenart bewahrt hat. Außerdem bietet sie über die deutsch-niederländische Grenze hinweg vielen heimischen Vogelarten ein Refugium und vielen fremden ein Winterasyl.

Dann aber geht es wieder auf Kleve zu, im 17. Jh. immerhin zeitweilige Residenz des Großen Kurfürsten Friedrich Wilhelm von Brandenburg. Mit diesem Landesherrn allerdings haben sich die Klever schwergetan, in guter Erinnerung blieb dagegen sein Statthalter, Johann Moritz von Nassau-Siegen. Der erhob Kleve zu einem Regierungssitz von europäischem Rang, und das keineswegs nur durch städtebauliche Maßnahmen im engeren Sinne. Vielmehr ließ sich Johann Moritz von dem Idealbild einer arkadischen Landschaft leiten, wo baumbeschattete Straßenzüge anmutige Gärten und Parks verbanden, wo von den Aussichtspunkten der Blick weit übers Land schweifen konnte, um endlich am Horizont auf einer so schönen Szenerie wie etwa dem Damenstift Hochelten zu ruhen.

Erstaunlich viele seiner hochfliegenden Pläne konnte Johann Moritz verwirklichen. Die Zeit jedoch schliff diese prägnanten Landschaftsgestalten immer mehr ab. Doch wenigstens war das zur Rheinebene hin geöffnete Amphitheater mit seinem terrassenförmigen Aufbau, waren seine vier in der Mittelachse angelegten Teiche erhalten geblieben. Hier am Springenberg konnte die Erneuerung des Parks ansetzen.

Schwieriger erwies sich die Rekonstruktion im Bereich des Prinz-Moritz-Kanals. Heute fängt sein (quergelagerter) Kopf mit den beiden symmetrisch angelegten Inseln direkt unterhalb des Amphitheaters wieder dessen Abwärtsbewegung auf. Dieser (nie vollendete) Kanal, eine Spiegelachse im wahrsten Sinne des Wortes, eröffnet die Aussicht auf den Eltenberg, dessen romanische Stiftskirche sich schon jenseits des Rheins erhebt. Zu Recht hat Johann Moritz diesen Platz gegenüber seinem Landesherrn in den höchsten Tönen gelobt: »Der Ort fällt unter der Hand so admirabel schön und angenehm, daß viele vornehme und auch gewöhnliche Leute aus Holland kommen, um allein diesen Ort zu sehen mit Verwunderung.«

Heute läßt sich das ursprüngliche Aussehen des Parks wieder erahnen. Zwar hat den Naturschützern das Projekt nicht immer die reine Freude bereitet, weil der neuerstandenen barocken Gartenarchitektur doch mancher ›Wildwuchs‹ zum Opfer fiel. Aber dieser Verlust ist wohl zu verschmerzen, wenn ihm der Wiedergewinn einer solchen Parkanlage gegenübersteht.

Linke Seite: Windmühle bei Donsbrüggen
Oben: Fleuthkuhle bei Kleve
Unten: Sternberg, Obelisk und Tempel im neuen Tiergarten

ROUTE 1

1 Kranenburg: Reste mittelalterlicher Stadtbefestigung; spätgotische Backsteinkirche St. Peter und Paul; Museum Katharinenhof und Mühlenturm mit Kunst der Moderne (Rheinland) und niederrheinischer Barockplastik, Di-Sa 14-17, So 11-12, 14-17 Uhr

2 Zyfflich: Kath. Pfarrkirche St. Martin mit Teilen des Gründungsbaus (um 1000) und frühromanischen Arkadenöffnungen

3 Rheinblick bei Bimmen

4 Windmühle bei Keeken

5 Windmühle bei Donsbrüggen

6 Gut Gnadental: Herrensitz vom Anfang des 18. Jh. mit Gartenanlage

7 Kleve: Amphitheater (s. S. 9); Badehaus als Überbleibsel des Kurviertels von Bad Kleve (19. Jh.) wird zur Zeit restauriert, soll das Mataré-Museum aufnehmen; kleiner Tierpark

8 Kleve: Städtisches Museum Haus Koekoek mit Werken des Malers B. C. Koekoek, niederrheinischer Künstler des niederländischen Barock (15., 16. Jh.) am Hofe des Johann Moritz von Nassau-Siegen, tgl. außer Mo 10-13, 14-17 Uhr

9 Kleve: Schwanenburg, ehemalige Stiftskirche St. Mariä Himmelfahrt (1341-1426), nach Kriegszerstörung restauriert

Wegverlauf: Kleve (km) – Materborn (2) – Schottheide (5) – Kranenburg (9) – Wyler (3) – Zyfflich (2) – Niel (4) – Millingen NL (5) – Keeken (5) – Mehr (5) – Donsbrüggen (3) – Kleve (5)

Länge: Rundkurs, ca. 48 km

Schwierigkeitsgrad: Leicht, einige kurze Steigungen im Bereich Reichswald

Einkehrmöglichkeiten: In Kleve und in Millingen a. d. Rijn

Anfahrt:
Mit dem Fahrrad: R 4 / R 11 / R 13
Mit der DB: Kleve
Mit dem Kfz: A 3 / A 57

Die Tour:

Die Tour beginnt in **Kleve** Ecke Minoritenstraße/Große Straße. An Rathaus und Touristikinformation vorbei (über Große Straße und Stechbahn) verläßt man Kleve, indem man links in die Römerstraße einbiegt und über ihre Verlängerung (Merowingerstraße), den Treppkesweg (R 11) erreicht. Auf ihm durchfährt man den Reichswald, den größten zusammenhängenden Staatsforst Nordrhein-Westfalens. Der R 11 führt hinter der B 504 auf die alte Landstraße in Richtung **Kranenburg** und weiter nach Wyler an der deutsch-niederländischen Staatsgrenze. Hier biegt die Route nach rechts ab in Richtung **Zyfflich**, wo man im Ort an der Kirche nach rechts fährt. Auf ruhigen Wegen überquert man zunächst die Bossewässerung und gelangt über den Spickerhof und den Steinackershof nach Niel. Man nimmt dort die dritte Straße links und biegt sofort wieder nach rechts ab. An der nächsten Kreuzung stößt man auf die K 2, der man nach links folgt und die zur deutsch-niederländischen Grenze führt. Man überquert den Grenzübergang (links) und biegt dort rechts ab in Richtung Millingen a. d. Rijn. Im Ort führt die Tour rechts zur Grenze und zum Weiler **Bimmen** und biegt hier wiederum nach rechts ab in Richtung **Keeken**. Auf dem Weg von Keeken nach Mehr passiert man das NSG Düffel. In Mehr geht's nach links zur Mühle von **Donsbrüggen**. Dort führt die Tour nach links und weiter in einem Bogen an **Gut Gnadental** vorbei auf den Fahrradweg neben der B 9. Am Tierpark und am **Amphitheater** vorbei sind es dann nur noch ein paar Meter bis zum Ausgangspunkt in **Kleve**.

Info: Touristik-Agentur Niederrhein, Grabenstraße 36–38, 47546 Kalkar, Tel.: 0 28 24/9 23 50, Fax: 0 28 24/86 95; Verkehrsamt Kleve, Postfach 1960, 47533 Kleve, Tel.: 0 28 21/8 43 58, Fax: 0 28 21/2 37 59

Am Niederrhein um Emmerich

Leben am Strom

Diese Tour ist eine Reverenz an den Rhein. Sie führt den Radwanderer zum Bienener Altrhein in das gleichnamige Naturschutzgebiet und durch das Emmericher Eyland.

Der Rhein ist heute die größte Binnenschiffahrtsstraße Europas, das Flußsystem mit der höchsten Industriedichte weltweit. Der alte Niederrhein allerdings, das kaum merklich fließende, weit verzweigte Gewässer - er blieb dabei auf der Strecke. Kanalisierung und Deichbau haben seine Optionen auf Seitenwege und Nebenarme gestrichen, die Verkürzung seinem trägen Lauf Beine gemacht. Immerhin werden dem Fluß gegenwärtig deutlich geringere Schadstofffrachten aufgebürdet als noch in den 70er Jahren.

Und die Naturschutzgebiete oberhalb Emmerichs zählen sogar unter die Feuchtgebiete von internationaler Bedeutung. Hier rauschen die Wildgänse nicht nur durch die Nacht, sondern fallen im Winter auch zu Tausenden ein. Saatgänse aus nördlichen, Bläßgänse aus womöglich noch nördlicheren Breiten verbringen hier die kalten Monate des Jahres. Aber auch derart bedrohte einheimische Vögel wie Teich- und Schilfrohrsänger, Schwarzkehlchen, ja sogar die Rohrweide finden hier eine Heimat.

Keine nassen Füße müssen die Radwanderer an den Wisseler Dünen fürchten. Solche Binnendünen gehören inzwischen zu den Raritäten, jedenfalls wenn sie so nackt und bloß daliegen wie bei Wissel. Aus geologischer Perspektive sind sie blutjung. Während das heutige Landschaftsbild meist Ergebnis von Jahrmillionen Erdgeschichte ist, bildete sich das noch scharf profilierte Relief der Dünen erst vor ein paar Jahrhunderten. Das Material trug der Wind aus jenen Sandbänken zusammen, die der Rhein bei Niedrigwasser freigab. Ihm verdanken sich also nicht nur die wasserreichsten Partien der Aue, sondern mit den Binnendünen auch die trockensten.

Der Natur läßt sich Schönheitssinn nur unterstellen, und die Wisseler Dünen sind von eher spröder Schönheit, es sei denn, die sacht bewegten Silbergrasfluren leuchten im Gegenlicht auf. Schönheitssinn aber bewies ohne Zweifel der Baumeister des Wisseler Gotteshauses. Die Pfarrkirche St. Klemens ist mit ihren harmonischen Maßverhältnissen und der nobel gegliederten Fassade ein Beispiel dafür, welch hohes Niveau die romanische Baukunst an Rhein und Maas auch außerhalb der Metropolen erreicht hat.

Auf dem Weg durch das Emmericher Eyland geht der Blick auch zum anderen Ufer: 1944 wurde das historische Stadtbild von Emmerich in Schutt und Asche gelegt, doch zumindest die Fassung des Rheinpanoramas wurde gerettet - die Bürgerkirche St. Adelgundis im Osten und die Stiftskirche St. Martin im Westen. Allerdings entstand St. Martin nach dem Krieg nur vereinfacht wieder. Zweimal im Mittelalter hatte der Rhein Westbau und Langhaus zum Einsturz gebracht, als er seinen Lauf verlagerte. Beide Male erzwang er einen teilweisen Neubau, wobei auch die Richtung geändert werden mußte. So verdankte das Gotteshaus dem Strom eine - zurückhaltend ausgedrückt - sehr komplexe Architektur, die man im Zuge des Wiederaufbaus nicht mehr bis ins Detail neu schaffen konnte und wollte. Immerhin blieb vom ursprünglich frühromanischen Bau die Krypta erhalten, eine sehr imposante dreischiffige Halle.

Wo der Rhein sogar auf den Bau einer Kirche Einfluß nimmt, dort ist natürlich ein Rheinmuseum am Platze. Ganz abgesehen davon ist sein Besuch auch ein schöner Abschluß einer Tour, die das Thema Rhein auf mancherlei Weise variierte.

Linke Seite: Landschaft bei Wissel
Oben: Rheinpanorama bei Emmerich
Unten: Schiff auf dem Trockenen bei Grietherort

ROUTE 2

1. Emmerich: Rheinpanorama mit der Kirche St. Martin (s. S. 13); Rheinmuseum Mo-Fr 10-12.30, 14-17, Do 14-18, So 10-12 Uhr, 1.4.-30.9. auch 14-17 Uhr

2. St. Adelgundis (s. S. 13)

3. Dornick: Kath. Pfarrkirche St. Johann Baptist (15.-17. Jh.), bemerkenswert ausgestattet

4. NSG Bienener Altrhein (s. S. 13)

5. Grieth: Kath. Pfarrkirche St. Peter und Paul (15., 16. Jh.) mit etlichen qualitätvollen Werken der späten Gotik

6. Wissel: Kath. Pfarrkirche St. Klemens, romanisch (s. S. 13)

7. Erholungsstätte Wisseler See und NSG Wisseler Dünen (s. S. 13)

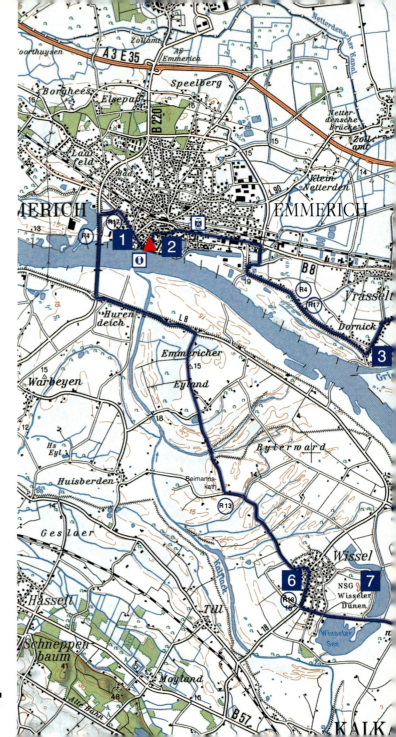

1 km
1:75 000

Wegverlauf: Emmerich (km) – Dornick (6) – Vrasselt (2) – Bienen (7) – Grieth (8) – Wissel (6) – Emmerich (12)

Länge: Rundkurs, ca. 41 km

Schwierigkeitsgrad: Leicht, keine nennenswerten Steigungen

Einkehrmöglichkeiten: In Emmerich, Bienen, Grietherort, Grieth und bei Wissel

Anfahrt:
Mit dem Fahrrad: R 4 / R 6 / R 13 / R 17
Mit der DB: Emmerich
Mit dem Kfz: A 3

Fährverbindung: Personenfähre zwischen Grieth und Grietherort, Fährsaison zwischen Palmsonntag und Oktober, Fährzeiten nur an Sonn- und Feiertagen 10-19 Uhr, bei Bedarf bis 20 Uhr

Die Tour:
Die Tour startet an der Rheinpromenade in **Emmerich** und führt ein Stück auf der B 8 in Richtung Vrasselt. Der R 4/R 17 biegt dann rechts ab zum Segelfluggelände, führt weiter nach **Dornick** und wieder zurück zur B 8. Die B 8 und die Eisenbahngleise werden überquert, und weiter geht's über ruhige Wirtschaftswege dem Zeichen der Nieder-Rheinroute® (geschwungener Pfeil im Kreis) folgend nach Bienen. Der R 4 führt von hier auf der K 19 zum **NSG Bienener Altrhein**. Hinter dem Campingplatz fährt man rechts ab durch das NSG. Der K 18 folgend gelangt man nach Grietherort und mit der Fähre über den Rhein nach **Grieth**. In Grieth hält man sich rechts und gelangt über den Entenbusch (Ausblick auf die Ruine Kernkraftwerk Kalkar) nach Wissel. – Sollte die Fähre nicht in Betrieb sein (s. Fährverbindung), folgt man dem R 17 über die Reeser Rheinbrücke und biegt danach rechts ab auf den R 6. Hinter Mühlenfeld geht es dann rechts ab über Hönnepel nach **Wissel**. – Von Wissel fährt man auf dem R 13 bis Beimannskath, hier rechts ab und durch das Emmericher Eyland zur L 8. Diese Landstraße führt zur längsten Hängebrücke Deutschlands, und über den R 4 gelangt man wieder zurück zum Ausgangspunkt in **Emmerich**.

Info: Touristik-Agentur Niederrhein, Grabenstraße 36-38, 47546 Kalkar, Tel.: 0 28 24/9 23 50, Fax: 0 28 24/86 95.
Fremdenverkehrsamt Emmerich, Martinikirchgang 2, 46446 Emmerich, Tel.: 0 28 22/7 54 00, Fax: 0 28 22/27 56

Xanten, Rheinaue und Hochwald

Zwischen heidnischer Antike und christlichem Mittelalter

Nicht gerade eine Fahrt zwischen Berg und Tal, doch immerhin zwischen Rheinaue und Xantener Hochwald. Im Zentrum aber steht Xanten mit seinem Archäologischen Park einer- und dem mittelalterlichen Stadtbild andererseits.

Übrigens kommt die Natur auf unseren Wegen um Xanten nicht zu kurz. Selbst in der Rheinaue gibt es keineswegs nur die Wassersportreviere (ehemalige Kiesgruben), sondern auch geschützte Feuchtwiesenbereiche. Und zuweilen steht verloren am Wegesrand auch noch das eine oder andere Exemplar des stacheligen Feld-Mannstreu als letztes Überbleibsel der trockenen Auewiesen. Mannstreu heißt die Gattung nach ihren blauen Blüten, nur unserer Art geht die Farbe der Treue völlig ab.

Da wird sich mancher das träumerisch-sanfte Marienbaum um so mehr loben. Ein Marienbild im Eichbaum heilte hier der Legende nach die Gebrechen eines Hirten. So setzte um 1430 der Pilgerstrom ein, doch anders als im nahen Kevelaer hielt er nicht an. Nicht, daß er ganz versiegt wäre, aber hier gibt es eben nur die Kirche und sonst nichts, was eine florierende Wallfahrt auszeichnet. Dafür hat das Gotteshaus eine besonders schöne Lage und einen geradezu kecken Dachreiter. Im Innern kommt es zu einer heiklen Verbindung zwischen dem heimeligen spätgotischen Chor und einem spätbarocken Langhaus von fast preußisch-klassizistischer Strenge. Zwar scheint sich der anmutige Orgelprospekt mit seinen Rokoko-Ornamenten als Vermittler zwischen Chor und Langhaus zu versuchen, aber versöhnen kann er diesen Ost-West-Gegensatz keineswegs.

Verglichen mit der Marienbaumer Kirche ist Xantens St. Viktor ein Prachtbau. Das mächtige, romanisch-gotische Gotteshaus beherrscht noch heute das Stadtbild und zeugt auch im Inneren mit den grandiosen Altären, dem Viktorschrein und dem Kirchenschatz für den Reichtum des mittelalterlichen Xanten. Und obwohl auch diese Stadt 1945 nur noch ein einziges Trümmerfeld war, halten etliche, sorgfältig restaurierte Bauten das Andenken an den bedeutenden Handelsplatz (und die Zollstätte) wach. Die ebenfalls erneuerte Stadtbefestigung besitzt mit dem Klever Tor von 1393 sogar eine der ganz seltenen Doppeltoranlagen.

Jedoch: Ein Strom gibt und nimmt. Als er um die Mitte des 16. Jh. wieder einmal seinen Lauf änderte, verlor Xanten seine privilegierte Lage am Rhein und sank bald in einen ackerbürgerlichen Dornröschenschlaf. Noch mehr ging vom römischen Xanten verloren. Dabei gab es hier nicht nur zwei Militärlager – vom ersten brach Varus zu seinem bekannt verunglückten Feldzug gegen die Germanen auf –, sondern auch die zivile Colonia Ulpia Traiana.

Seit 1977 steht auf ihrem Boden der Archäologische Park Xanten. Der Platz bot sich insofern an, als hier – im Gegensatz zu allen anderen *coloniae* nördlich der Alpen – die römische Stadt nicht überbaut worden war. Allerdings haben sich die späteren Generationen aus der antiken Hinterlassenschaft hemmungslos bedient – noch Johann Moritz von Nassau-Siegen (s. S. 9) schmückte sein Klever Grabmal mit Altertümern aus Xanten. Heute zeigt der Park beeindruckende Rekonstruktionen. Teilweise wiedererstanden sind Hafen und Stadtmauer, Straßennetz und Wasserversorgung, Amphitheater, Tempel, Wohnhäuser, Thermen und Badehaus. Mehr als die Summe der einzelnen Bauten aber fasziniert das Gesamtbild einer städtischen Kultur, deren Höhe für Jahrhunderte unerreichbar bleiben sollte.

Linke Seite: Landschaft zwischen Xanten und Niedermörmter
Oben: Blick auf St. Viktor in Xanten
Unten: Viktorstatue am Dom

Wegverlauf: Xanten (km) - Vynen (6) - Niedermörmter (8) - Appeldorn (7) - Marienbaum (4) - Xanten (11)

Länge: Rundkurs, ca. 36 km

Schwierigkeitsgrad: Leicht, keine nennenswerten Steigungen

Einkehrmöglichkeiten: In Xanten, bei Vynen, bei Niedermörmter und Marienbaum

Anfahrt:
Mit dem Fahrrad: R 6 / R 8 / R 13 / R 17
Mit der DB: Xanten
Mit dem Kfz: A 3 / A 57

Die Tour:

Der Rundkurs beginnt in **Xanten** am Amphitheater und führt über den R 17 nach Vynen und weiter am Rhein entlang nach **Niedermörmte**r und durch das **NSG Reeser Schanz**. Man passiert die B 67 und folgt dem R 6 bis Hochend. Hier biegt die Route nach links ab auf den R 13. Über Appeldorn, **Marienbaum** und am **Hochwald** vorbei gelangt man an die Kreuzung R 8/R 13. Hier biegt man links ab zu den Campingplätzen und fährt nun auf dem R 8, einer ruhigen Nebenstraße, wieder zurück nach **Xanten**.

Info: Touristik-Agentur Niederrhein, Grabenstraße 36-38, 47546 Kalkar, Tel.: 0 28 24/9 23 50, Fax: 0 28 24/86 95; Verkehrsamt Xanten, Karthaus 2, 46509 Xanten, Tel.: 0 28 01/3 72 26, Fax: 0 28 01/3 72 09

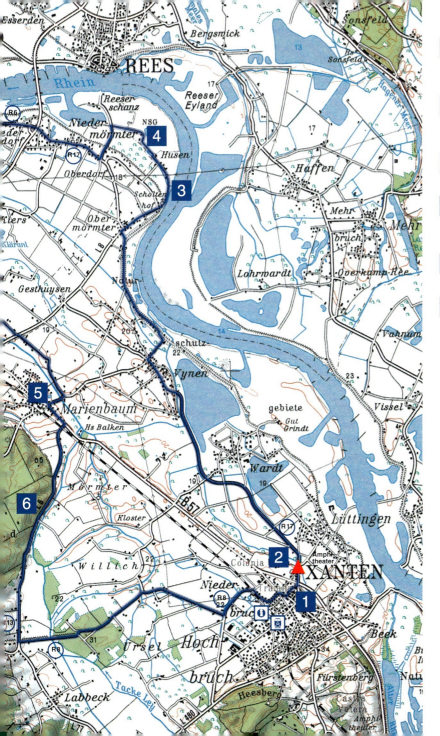

1. Xanten: Ehemalige Stiftskirche St. Viktor, romanisch-gotisch (s. S. 17)
2. Xanten: Archäologischer Park (s. S. 17), 1.3.-14.11. tgl. 9-18, 15.11-28./29.2. tgl. 10-16 Uhr
3. Rheinblick zwischen Ober- und Niedermörmter
4. NSG Reeser Schanz: Niederrheinisches Feuchtgebiet (s. S. 17)
5. Marienbaum: Kath. Pfarrkirche St. Maria (s. S. 17)
6. Xantener Hochwald: Eiszeitliche Stauchmoräne

Zwischen Kevelaer und Goch

Am Leitfaden der Niers

Vom Wallfahrtsort Kevelaer aus nimmt diese Tour die Niers als Leitfaden. Sie führt an idyllische Flußpartien, aber auch nach Goch, das zumindest im Mittelalter ein städtisches Zentrum war.

Wir beginnen, wo die Pilgerwege enden. Kevelaer verleugnet die innige Verbindung von Ort und Wallfahrt selbst in den kommerziellen Details nicht. Und tut insofern recht daran, als sich gerade hier besonders eindrucksvoll gezeigt hat, daß der Atem Gottes weht, wo er will. Keine Marienerscheinung hat Kevelaers Ruf als Wallfahrtsort begründet, kein Gnadenbild in einem hohlen Baum; ja, Gegenstand der Verehrung ist nicht einmal ein Original, sondern nur eine Reproduktion, ein Kupferstich der Luxemburger Madonna. Und sein Stifter war kein adliger Landesherr oder wenigstens ein patrizischer Bürger, sondern ein Hausierer.

Von Kevelaer folgt die Route der Niers. An ihr liegt nur wenige Kilometer nördlich, aber weit ab vom Treiben der Welt, Schloß Wissen. Neuerdings bietet seine Kellerei auch Weine an, ist jedoch viel länger schon für ihren Apfelsaft bekannt. Was einem Radfahrer nur recht sein kann, der an seine Fahrtüchtigkeit denken muß.

Mehr noch als das Schloß selbst beeindruckt die umgebende Natur. Auf den breiten Gräften tummeln sich die Wasservögel, und an der Grenze von Röhricht und offenem Wasser steht nicht selten ein Reiher, der reglos auf Beute lauert. Und das Allerschönste an Schloß Wissen ist die Zufahrt von der Niers her. Mag auch der ein oder andere Baumveteran nicht mehr im vollen Saft stehen, es bleiben immer noch genug prachtvolle Ahorne und Platanen, um sich hoch über den Köpfen der Besucher zu einem dichten Blätterdach zusammenzuschließen.

Ihr Wasser verdanken die Gräften des Schlosses der Niers. Nicht ohne Anmut nimmt dieser typische Flachlandfluß hier seinen Weg zwischen Wiesen und Wäldchen. Aber sein kraß begradigter Lauf läßt die Wasserbauer noch heute den Kopf zwischen die Schultern ziehen und etwas von den ›Sünden der Vergangenheit‹ murmeln. An der kleinen Schleuse oberhalb von Wissen steht der schmutziggelbe Schaum oft meterhoch, untrügliches Zeichen für die immer noch satte Nährstofffracht.

Ebenfalls an einer geschichtlichen Hypothek tragen Weeze und Goch. Bomben und Geschosse des Zweiten Weltkriegs haben fast ganze Arbeit geleistet, viele Baudenkmäler lagen 1945 in Trümmern. Immerhin läßt der Gocher Marktplatz etwas vom einstigen Wohlstand dieser Stadt ahnen, die im Mittelalter ein Zentrum der Wollweberei war.

Wo aber läßt sich bei einer Niers-Tour stimmungsvoller rasten als am Fährhaus ›Jan an der Fähr‹? Nicht irgendwelche kulinarischen Sensationen locken dorthin, sondern Blick und Sitzgelegenheit. Die Fähre am Fährhaus ist ein Treidelfloß, es läßt sich vom Ufer aus leicht bedienen. Mindestens zu zweit sollten die Radfahrer schon sein, denn einer wird immer zum Überholen gebraucht.

Gegen Ende der Tour kann der Radfahrer noch einmal in vollen Zügen das Privileg seiner Fortbewegungsart genießen. Denn wie oft präsentiert sich der Niederrhein links und rechts der großen Straßen als ausgeräumte Agrarsteppe! Sein eigener Charme erschließt sich nur auf den abseitigen Wegen und Pfaden. Sie führen durch Bauern- und Bruchwälder, Heiden und Auen. Oder eben an den noch lauschigen Partien des Flüßchens Niers entlang, das hier von hohen Bäumen gesäumt wird.

Linke Seite: Rosengarten von Schloß Kalbeck
Oben: Kerzenkapelle in Kevelaer
Unten: Haus ›zu den fünf Ringen‹

ROUTE 4

1 Kevelaer: Wallfahrtsstätten (s. S. 21) und Niederrheinisches Museum für Volkskunde und Kulturgeschichte (zur Zeit geschlossen)

2 Altarme der Niers (s. S. 21)

3 Schloß Kalbeck mit Rosenschau

4 Fährhaus ›Jan an der Fähr‹ (s. S. 21)

5 Goch: Altstadt um den Marktplatz und kath. Pfarrkirche St. Maria Magdalena (14.-16. Jh.), nach Kriegszerstörung restauriert; Steintormuseum für Kunst- und Kulturgeschichte der Stadt Goch, Di-Sa 10-12, 14-17, So 10-17 Uhr

6 Schloß Wissen (s. S. 21)

1 km
1:75 000

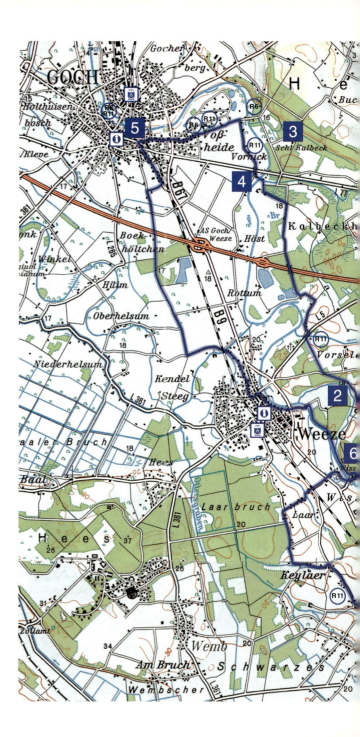

Wegverlauf: Kevelaer (km) – Schravelen (1) – Schloß Kalbeck (13) – Goch (3) – Weeze (7) – Kevelaer (10)

Länge: Rundkurs, ca. 34 km

Schwierigkeitsgrad: Leicht, keine nennenswerten Steigungen

Einkehrmöglichkeiten: In Goch, Weeze und Kevelaer

Anfahrt: Mit dem Fahrrad: R 6 / R 8 / R 11
Mit der DB: Kevelaer
Mit dem Kfz: A 57

Die Tour:

Die Tour startet im Zentrum von **Kevelaer**. Man folgt der Hauptstraße in Richtung Winnekendonk und biegt nach Überquerung der Niers links ab. Der Wirtschaftsweg führt vorbei an mehreren Bauernhöfen bis zur L 460. Hier rechts abbiegen und nach 1 km in der Rechtskurve nach links. Die Tour führt weiter über den R 11 durch die Kalbeckheide. Schließlich gabelt sich der Weg: der R 11 biegt nach rechts ab in Richtung Goch, geradeaus geht es weiter zum **Schloß Kalbeck**. Nach dem Besuch der Schloßanlage zur letzten Kreuzung zurückfahren und dem R 11 weiter folgen. Bei dem Ausflugslokal ›**Jan an der Fähr**‹ setzt man mit einer kleinen Fähre über die Niers und gelangt, weiter dem R 11 folgend, bald nach **Goch**. Am Steintormuseum fährt man links ab in Richtung Hallenbad; hinter dem Hallenbad rechts, dann links abbiegen und weiter über Wirtschaftswege nach Weeze. In **Weeze** links abbiegen und nach Überquerung der Niers nach rechts. Entlang der Niers gelangt man nach **Schloß Wissen**. Von hier aus führt der R 11 zurück über die Niers via Laar und Keylar nach **Kevelaer**.

Info: Touristik-Agentur Niederrhein, Grabenstraße 36–38, 47546 Kalkar, Tel.: 0 28 24/9 23 50, Fax: 0 28 24/86 95; Wirtschaftsförderungs-Gesellschaft Kevelaer, Marktstraße 25, 47623 Kevelaer, Tel.: 0 28 32/12 21 50, Fax: 0 28 32/37 67

Geldern – Issum und zurück

Vom Wasser, Wasserbau und Wasserburgen

Der Radwanderer wird auf die Reise geschickt, um die Landschaft um Geldern - mit ihren Wasserschlössern, einem alten Kanalbauprojekt, dem Naturschutzgebiet an der Issumer Fleuth und vielen kleinen Kirchen - zu erkunden.

»Wer aus Köln kommt, der merkt bald, / hier gibt's kein Kölsch, hier gibt's nur Alt.« So reimten die Freunde, weil sie sich als Lehramtskandidaten in die Gegend von Geldern wie verschlagen vorkamen. Dennoch bestand der gute Wille, sich zurechtzufinden. Die Reize dieser Landschaft wollen eben entdeckt werden.

Wie zum Beispiel das Wasserschloß Haag gleich vor den Toren der Stadt. Zwar hat das Herrenhaus den Zweiten Weltkrieg nicht überstanden, doch blieb der inneren Vorburg das imposante Erscheinungsbild einer spätmittelalterlichen Wehranlage erhalten. Zum Wasserschloß wurde Haag erst durch einen Umbau im 17. Jh., etwa zur gleichen Zeit begann ein sehr viel aufwendigeres Bauvorhaben. Isabella Clara Eugenia, Tochter Philipps II. und seit 1621 Statthalterin der spanisch-habsburgischen Krone in den Niederlanden, hatte ein Kanalprojekt ›zur Befreiung des Landes‹ gebilligt. Die Fossa Eugenia sollte von Rheinberg über Geldern nach Venlo führen und eben auch eine Verteidigungslinie gegen die abtrünnigen 17 niederländischen Provinzen (Generalstaaten) sein. Deshalb war die ›Große Grift‹ mit insgesamt 24 Schanzen bewehrt.

Die Generalstaaten aber sahen durch den Kanalbau neben ihrer Sicherheit auch ihren Rheinhandel bedroht. Nur haben ihre Überfälle allein das Projekt gewiß nicht scheitern lassen. Den Ausschlag gab wohl die notorisch leere spanische Staatskasse. Schwierigkeiten mit der Wasserführung werden hinzugekommen sein. An unserem Weg ist das Kanalbett aber noch deutlich sichtbar und mit der Stenderschanze ein Verteidigungswerk gut erhalten.

Auch die Issumer- oder Fleuthkuhlen verdanken ihre Existenz menschlichen Eingriffen in die Umwelt; sie entstanden durch Torfstich. Als sich das Wasser dort sammelte, bot es vielen - auch seltenen - Wasser- und Sumpfpflanzen Lebensraum. Zu ihnen gehören der deftige Ästige Igelkolben ebenso wie die ätherische Schwanenblume.

Eine ganz andere Rolle spielt das Wasser für Haus Issum. Die Vorläufer dieses Backsteinschlößchens aus dem 16. Jh. benötigten die Gräften noch, um Feinde abzuwehren. Später hatten die Wasserflächen nur eine mehr oder weniger dekorative Funktion. Von ästhetischem Reiz ist auch der Park mit seinem Laubengang. Viel Schatten spenden hier außerdem die stattlichen Bäume, an denen Schilder sogar die Namen der Gehölze preisgeben. Hingegen verrät in der Issumer St. Nikolaus-Kirche nichts, daß die Mitteltafel des Hauptchoraltars ein frühes Werk des berühmten Malers Derick (Dirck) Baegert ist. Die wohl 1492 entstandene Arbeit wird von einem diagonal ins Bild gelegten Kreuz beherrscht, an das gerade Christus geschlagen wird.

Von den Gotteshäusern am Wege darf auch die Rektorats-Pfarrkirche in (Geldern-)Aengenesch nicht unerwähnt bleiben: Auch sie ist eines dieser niederrheinischen Kleinode, die gefunden werden wollen. Früher allerdings zog es die Wallfahrer in Scharen dorthin. Zu solcher Anziehungskraft trug die Legende der Gnadenbild-Entdeckung sicher nicht unwesentlich bei. In einer hohlen Esche soll es bemerkt worden sein und viele Wunder gewirkt haben. Heute hat eine andere spätgotische Madonna mit Kind den prominentesten Platz in der kleinen Kirche inne.

Linke Seite: Issumer Herrlichkeit
Oben: Eckturm und Wehrgang von Schloß Haag
Unten: Igelkolben

ROUTE 5

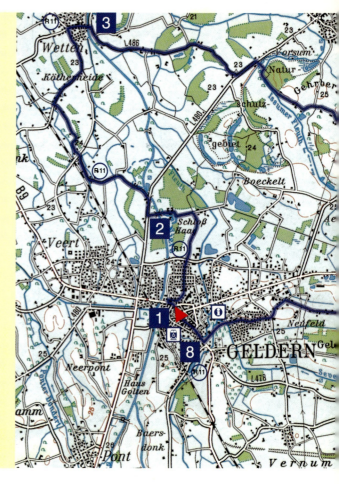

Wegverlauf: Geldern (km) – Wetten (8) – Issum (14) – Geldern (14)

Länge: Rundkurs, ca. 36 km

Schwierigkeitsgrad: Leicht, keine nennenswerten Steigungen

Einkehrmöglichkeiten: In Geldern, bei Wetten und in Issum

Anfahrt:
Mit dem Fahrrad: R 8 / R 10 / R 11 / R 13
Mit der DB: Geldern
Mit dem Kfz: A 57

Die Tour:
Die Tour startet im Zentrum von **Geldern** direkt am R 11 und führt vorbei an **Schloß Haag** nach Wetten. In **Wetten** geht es an der Hauptstraße rechts ab, an der Pfarrkirche St. Peter vorbei und nach Überquerung der Niers weiter rechts bis zur L 480. Hier biegt die Route nach links und nach 400 m wieder rechts ab. Der Wirtschaftsweg führt auf die L 89 (rechts abbiegen). Hinter dem Haus Beerenbrouck geht's weiter nach links durch das **NSG Issumer Fleuth**. Nachdem man durch **Aengenesch** hindurch und am

1 km
1:75 000

1 Geldern: Kath. Pfarrkirche Maria Magdalena (Neubau von Dominikus Böhm mit Messing-Grabplatte der Katharina von Geldern)

2 Geldern: Schloß Haag mit spätmittelalterlicher innerer Vorburg (s. S. 25)

3 Wetten: Kath. Pfarrkirche St. Peter, 15. Jh.

Haus Langendonk nach links abgebogen ist, passiert man die Issumer Fleuth, biegt an der nächsten Straße rechts ab, quert die Fleuth und hält sich dann in Richtung **Issum**. Im Ort biegt man nach erneuter Überquerung der Issumer Fleuth an der übernächsten Straße rechts ab. Nach 1 km, am Brandshof, führt die Tour wiederum nach rechts und stößt bei Kranen auf den R 13, dem man bis an die Kreuzung R 10/R 13 folgt. Hier geht es rechts ab und nun immer geradeaus auf dem Marktweg zurück nach **Geldern**.

Info: Touristik-Agentur Niederrhein, Grabenstraße 36–38, 47546 Kalkar, Tel.: 0 28 24/9 23 50, Fax: 0 28 24/86 95; Verkehrsamt Geldern, Issumer Tor 36, 47608 Geldern, Tel.: 0 28 31/39 81 37, Fax: 0 28 31/39 81 30

4 NSG Issumer Fleuth (s. S. 25)

5 Aengenesch: Rektorats-Pfarrkirche St. Maria (s. S. 25) mit Barockfassade

6 Issum: Kath. Pfarrkirche St. Nikolaus und Backsteinschlößchen Haus Issum (s. S. 25)

7 Fossa Eugenia (s. S. 25)

8 Windmühlenturm (Teil der alten Stadtbefestigung)

An den Krickenbecker Seen

Natur von Menschenhand

Über die deutsch-niederländische Grenze hinaus greift der Naturpark Maas-Schwalm-Nette. Unsere Tour führt ›nur‹ durch seinen nordöstlichen Teil, bezieht aber doch die Krickenbecker Seen ein, die so etwas wie das Herzstück dieses Naturparks sind.

Kein Naturfreund, dem beim Anblick der insgesamt vier Wasserflächen nicht das Herz höherschlüge: Das sind keine ›Seen‹ nach Art der Talsperren, sondern endlich einmal welche, die auch ins Landschaftsbild gehören. Gesäumt von Erlenbrüchen, bieten sie andernorts längst verschwundenen Tierarten ein Refugium. Die hiesige Reiherkolonie ist wohl die größte des ganzen Rheinlands. Es liegt also nahe, die Krickenbecker Seen als ›echtes Naturparadies‹ zu annoncieren.

Doch weit gefehlt! Und das nicht einmal, weil der hohe Nährstoffgehalt dieser Seen die Wasserqualität und damit auch die Gewässer im ganzen gefährdet. Nein, der Irrtum ist grundsätzlicher Natur: Die Krickenbecker Seen verdanken sich Eingriffen von Menschenhand. Noch Anfang des 17. Jh. wucherte hier ein fast dschungelähnlicher Bruchwald, durch den die Nette ihre vielen Mäander zog, sich dann und wann auch in Seitenarmen verlor. So konnte allmählich eine Torfdecke entstehen, die man seit etwa 1650 abzutragen begann.

Bis auf den Sand wurde das begehrte Heizmaterial abgetragen. Und wenn die Löcher voll Wasser liefen, kratzten die scharfen Kanten der sogenannten Kastennetze noch den letzten Torfschlick vom Grund. Häufiger gab es zwischen den Bewohnern der umliegenden Dörfer derbe Auseinandersetzungen, wer nun welchen Claim beanspruchen durfte. Binnen kurzer Zeit waren weite Areale ausgebeutet. Der große und rasche Flächenverbrauch erklärt sich zum Teil sicher auch aus der geringen Mächtigkeit der Torfschichten. Manche Seen haben deshalb nur eine mittlere Wassertiefe von gerade 80 cm: Das begünstigt die rasche Verlandung.

Einen besonders reizvollen Blick bietet Schloß Krickenbeck am See, auch wenn von seiner historischen Bausubstanz nicht viel übrig geblieben ist. Keineswegs läßt sich das vom Ort Wachtendonk sagen, der im äußersten Nordosten der Tour liegt. Das ehemalige Städtchen hat sich in den letzten Jahren – nicht zuletzt dank der Gelder aus dem Programm »Historische Ortskerne in Nordrhein-Westfalen« – wirklich herausgemacht. Zwar künden von der alten Burg kaum mehr als ein paar rekonstruierte Mauern, aber das historische Gemeinwesen blieb nicht nur in seinen Grundzügen erhalten, sondern auch in charakteristischen Bauensembles. Vor allem verdienen Kirch- und Rathausplatz Erwähnung, an letzterem setzt Haus Püllen mit seinem geschweiften Doppelgiebel den markantesten Akzent. Es soll einmal das Informationszentrum des Naturparks aufnehmen.

Nachtrag: Demnächst könnten die sensibelsten Bereiche des Naturparks nicht so sehr durch die mangelnde Wasserqualität beeinträchtigt werden, als vielmehr durch Wassermangel. Denn womöglich wird ihnen ihr Element buchstäblich abgegraben, wenn der neue Braunkohlenabbau Garzweiler II voranschreitet. Dann laufen viele Seen Gefahr, durch Entzug des Grundwassers auszutrocknen. Sie könnten also dem Energiebedarf zum Opfer fallen, dem sie vor gut drei Jahrhunderten ihr Entstehen verdankten. Der Fortschritt sorgt zuweilen für barbarisch gelungene Pointen.

Linke Seite: Wasserburg Krickenbeck im Nettetal bei Hinsbeck
Oben: Pulverturm in Wachtendonk
Unten: Kopfweiden

ROUTE 6

1. Hinsbeck: Biologische Station des Kreises Viersen
2. Schloß Krickenbeck (s. S. 29), ab 1903 im Stil der deutschen Frührenaissance wiederaufgebautes Wasserschloß
3. Alter Nordkanal: Gescheiterter Kanalbau Napoleons, der Maas und Rhein verbinden wollte
4. Wachtendonk mit sehenswertem historischen Ortskern
5. Neersdommer Mühle: Alte Wassermühle (18. Jh.) an der Niers

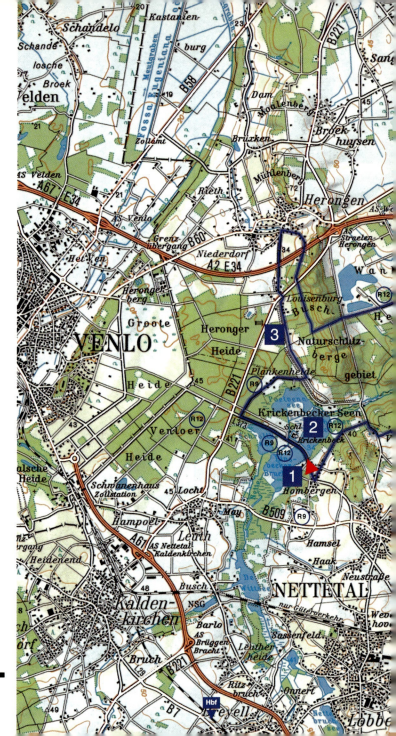

1 km
1 : 50 000

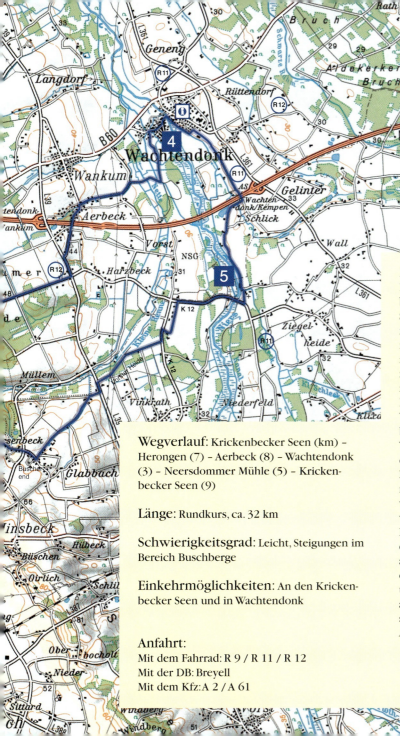

Die Tour:
Die Rundtour beginnt am Freibad **Krickenbecker Seen** (R 12) und biegt hinter dem **Schloß** kurz vor der B 221 rechts ab. Man folgt dem R 9 über den alten **Nordkanal** nach Herongen. Noch am Ortsrand geht es rechts ab und weiter in südlicher Richtung zurück durch den Wald auf die Buschberge zu. Die Tour biegt links ab und stößt bei den Kiesgruben auf den R 12. Er führt durch die Wankumer Heide und durch den Ort Aerbeck direkt in die historische Altstadt von **Wachtendonk**. Von hier geht es weiter über den R 11 an Schleck und Niers entlang zur **Neersdommer Mühle**. Am Parkplatz biegt man nach rechts auf den Radweg der K 12, von dem nach 1 km nach links abgebogen wird. Dieser Weg führt zurück auf die K 12 in Richtung Vinkrath. Danach geht es rechts ab durch die Vorster Heide zur L 39. Hier links abbiegen und hinter den Häusern gleich wieder nach rechts. Danach hält man sich links und fährt an den Kopfweidenreihen entlang auf Buscherend zu. Rechts geht es über Voursenbeck und den R 12 wieder zurück zum Ausgangspunkt **Krickenbecker Seen**.

Wegverlauf: Krickenbecker Seen (km) – Herongen (7) – Aerbeck (8) – Wachtendonk (3) – Neersdommer Mühle (5) – Krickenbecker Seen (9)

Länge: Rundkurs, ca. 32 km

Schwierigkeitsgrad: Leicht, Steigungen im Bereich Buschberge

Einkehrmöglichkeiten: An den Krickenbecker Seen und in Wachtendonk

Anfahrt:
Mit dem Fahrrad: R 9 / R 11 / R 12
Mit der DB: Breyell
Mit dem Kfz: A 2 / A 61

Info: Wirtschaftsförderungsgesellschaft für den Kreis Viersen mbH, Abt. Fremdenverkehr, Große Bruchstraße 28–30, 41747 Viersen, Tel.: 02162/93040, Fax: 02162/930425

Rund um die Süchtelner Höhen

Dem Wasser haben wir's gelehrt

Von Viersen aus führt die Tour an Burg Uda vorbei über Grefrath zur Nettetaler Seenkette. Man quert die Süchtelner Höhen, die mit ihren 86 m Höhe aus dem Viersener Häusermeer herausragen, um bei Herongen wieder ins Rheinische Tiefland abzusinken.

Zunächst geht es, den Höhenzug zur Linken, entlang der Neuen Niers. Der Beiname leuchtet schon bei einem Blick auf die Karte ein, denn einen derart schnurgeraden Verlauf kann der Fluß ursprünglich nicht genommen haben. Da verheißt Burg Uda am Ortsrand von Oedt ein romantischeres Bild, der fast 23 m hohe Rundturm aus Backstein markiert die Südostecke der Wehranlage. Leider bietet längst nicht mehr alles Mauerwerk dem weiten Tieflandhimmel derart trutzig Paroli. Schon nach der Schlacht an der Hückelsmay (1642; s. S. 49) wurde sie zerstört, fortan diente Burg Uda nur noch als Steinbruch. Immerhin hat man jetzt einige Steinlagen der Umfassungsmauern neu gesetzt und wenigstens die Umrisse der Burg wieder deutlich werden lassen.

Westlich von Grefrath findet die Tour dann Anschluß an die Nettetaler Seenkette, passiert den De-Witt-, Nettebruch- und den Breyeller See. Verglichen mit der Neuen Niers ist die Seenkette von vitaler Urwüchsigkeit, doch einmal mehr täuscht der Augenschein. Wie die Krickenbecker sind auch diese Seen noch jung, entstanden erst während des 17. und 18. Jh. Als die hiesigen Brüche ausgetorft waren, wurde das Wasser für den Mühlenbetrieb gestaut und dem Fluß ein künstlich hochgelegtes Bett zugewiesen. Ohne solche Verlagerung wäre beispielsweise der De-Witt-See mit seinen 1,5 m mittlerer Wassertiefe leergelaufen.

Die Staus garantierten gleichfalls das Wasser auf die vielen Mühlen, welche das romantische Gepräge des Nettetals noch heute effektvoll steigern. Freilich haben sie auch den ohnehin trägeren Lauf eines Flachlandflusses noch stärker verlangsamt. So bleibt den hohen Schadstofffrachten der Nette viel Zeit, dem ökologischen Gleichgewicht entgegenzuwirken. Eine Verbesserung der Wasserqualität, vor allem eine Herabsetzung der hohen Stickstoff- und Ammoniakgehalte, steht deshalb noch für die nächsten Jahrzehnte auf der Tagesordnung.

Daß diese Verschmutzung gerade den selteneren Pflanzen- und Tierarten die Lebensgrundlage nimmt, versteht sich leider auch an der Nette von selbst. Immerhin sind an ihrem östlichen Ufer zahlreiche Kleingewässer entstanden, die vor allem den empfindlichen Amphibien Asyl gewähren. Ein Feuchtbiotop hat sich im Anschluß an den (oberen) Breyeller See erhalten, hier gibt es noch schöne Bestände des Rundblättrigen Sonnentaus und des Gefleckten Knabenkrauts.

Grutbend aber heißt dieses Naturschutzgebiet nach dem Gagel. Obwohl der weidenverwandte ›Grut‹ (Strauch) an Schwalm und Nette noch häufiger vorkommt, wollen wir ihm jedoch hier aus Anlaß der Namensgebung unsere Reverenz erweisen: Vielerorts nämlich ist der Gagel längst verschwunden. Früher hat er manchem Bier die Würze gegeben, ehe der Hopfen endgültig an seine Stelle trat. (Wer heute Familiennamen wie Greuter oder Gruyter führt, dessen Vorfahren - jedenfalls manche davon - hat der Gagel in Lohn und Brot gesetzt!) Heute dagegen muß keine Brauerei mehr am Erhalt der Gagelbestände interessiert sein. Das bleibt - wieder einmal - an den Naturschützern hängen.

Linke Seite: An der Neuen Niers im Rahserbruch
Oben: Gründerzeithäuser in Viersen
Unten: Rundblättriger Sonnentau

1 Oedt: Burg Uda (s. S. 33) mit 23 m hohem Rundturm

2 Grefrath: Kath. Pfarrkirche St. Laurentius, 15. Jh., mit romanischem Westturm des Vorgängerbaus (1962 erweitert)

3 Abstecher Niederrheinisches Freilichtmuseum: mit Dorenburg, Haus- und Siedlungsformen des Niederrheins, tgl. außer Mo, Apr.-Okt. 10-18, Nov.-März 10-16.30 Uhr

4 NSG Nettetalseen mit historischen Wassermühlen (s. S. 33)

5 Boisheim: Kath. Pfarrkirche St. Peter, 15. Jh.

6 Viersen: Kath. Pfarrkirche St. Remigius, spätgotische Stufenhalle

1 km
1:75 000

Wegverlauf: Viersener Stadtwald (km) – Sittard (6) – Grefrath (7) – Wevelinghoven (7) – Breyell (6) – Lind (5) – Viersener Stadtwald (5)

Länge: Rundkurs, ca. 36 km

Schwierigkeitsgrad: Mittel, einige Steigungen bei Überquerung der Süchtelner Höhen

Einkehrmöglichkeiten: In Viersen und im Nettetal

Anfahrt:
Mit dem Fahrrad: R 9 / R 11 / R 12 / R 14
Mit der DB: Viersen
Mit dem Kfz: A 44 / A 52 / A 57 / A 61

Die Tour:
Ausgangspunkt der Radtour ist der **Viersener Stadtwald**. Man verläßt ihn in östlicher Richtung, indem man von der Jos.-Kaiser-Allee nach rechts auf die P.-Stern-Allee abbiegt. Die Gleise werden gequert, und man folgt der Straße durch Ober- und Unterrahser. An der Neuen Niers biegt die Tour links ab und folgt dem Kanal bis zur L 475. Hier links, dann nach rechts auf den R 11 in Richtung Tuppenend. An der L 444 lohnt ein Abstecher nach rechts zur **Burgruine Uda**. Nach Überquerung der B 509 und der Gleisanlage geht es links ab. – Fährt man geradeaus durch **Grefrath**, führt der Weg an der Kirche vorbei zum Niederrheinischen Freilichtmuseum Dorenburg. – Über Oirlich und die Ausläufer der Süchtelner Höhen gelangt man an die L 373. Nach Überqueren der L 373 biegt man links auf einen parallel zur Hauptstraße verlaufenden Weg, dessen Rechtsknick man folgt. So erreicht man den R 9, folgt ihm nach links und fährt durch eine abwechslungsreiche Seen- und Waldlandschaft (**NSG Nettetalseen**). Nach

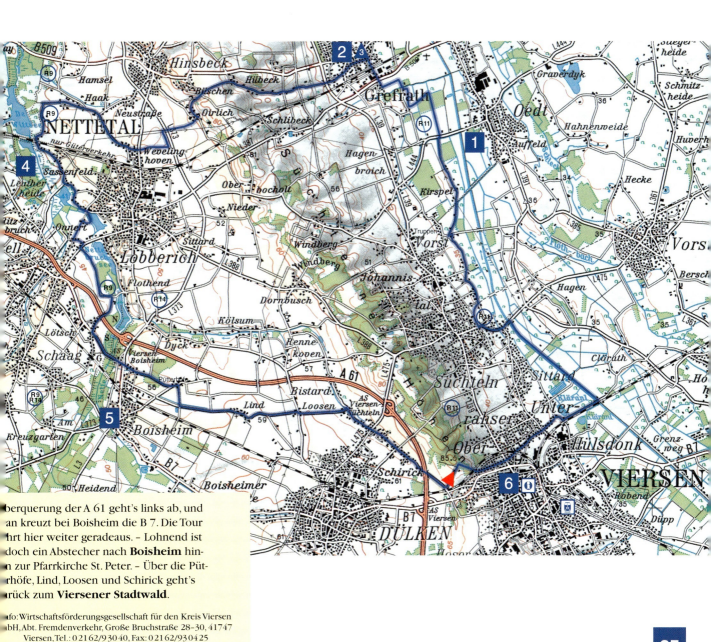

berquerung der A 61 geht's links ab, und
an kreuzt bei Boisheim die B 7. Die Tour
hrt hier weiter geradeaus. – Lohnend ist
doch ein Abstecher nach **Boisheim** hin-
n zur Pfarrkirche St. Peter. – Über die Püt-
rhöfe, Lind, Loosen und Schirick geht's
rück zum **Viersener Stadtwald**.

fo: Wirtschaftsförderungsgesellschaft für den Kreis Viersen
bH, Abt. Fremdenverkehr, Große Bruchstraße 28–30, 41747
Viersen, Tel.: 02162/930 40, Fax: 02162/930425

Zwischen Elmpt und Brüggen

Von Heiden und Wäldern

Diese Tour führt von Brüggen aus durch die Tiefen des Elmpter Waldes zum Naturschutzgebiet Lüsekamp. Über Elmpt und Niederkrüchten geht es zurück nach Brüggen mit seiner Wasserburg.

Auch Radfahrer genießen zuweilen das Privileg, den Atem der Geschichte im Nacken zu spüren. Zum Beispiel westlich von Brüggen und Niederkrüchten, wo die Grenze schnurgerade zwischen Deutschland und den Niederlanden verläuft.

Obwohl eine Grenze mit ihren willkürlichen Vor- und Rücksprüngen in aller Regel den gewundenen Gang der Geschichte widerzuspiegeln scheint, hat sie sich hier wenig um gewachsene Zusammenhänge geschert. 1815 legte der Wiener Kongreß diese Demarkationslinie fest, offenbar auf dem Reißbrett. Aber schon zuvor konnte eine neue Übersichtlichkeit hier Triumphe feiern. So teilten die Geodäten Napoleons das Gebiet des Meinwegs im Süden der Route in 14 exakt gleichgroße Parzellen auf, und es versteht sich, daß dabei der rechte Winkel das Maß aller Dinge war.

Im übrigen erinnert just der Elmpter Wald daran, daß Geschichte nicht nur die Haupt- und Staatsaktionen sind. Von Natur aus stockte hier ein Laubwald mit vielen Eichen. Ihre prächtigen Stämme gingen als Bauholz ins nahe Roermond und Venlo, ja sogar ins fernere Antwerpen. Der Wald wurde zur Heide. Alle Anstrengungen der Forstleute, ihn mit den herkömmlichen Bäumen wiederzubegründen, waren zum Scheitern verurteilt. 1818 versuchten sie es dann erstmals mit dem Einsatz von Kiefern. Nach und nach eroberte diese Konifere den ganzen Elmpter Wald, obwohl ihr harzreiches Holz immer wieder Bränden zum Opfer fiel. Heute favorisiert die Forstverwaltung den naturnahen Waldbau.

Nichtsdestoweniger vermittelt unsere Tour einen Eindruck vom prägenden Landschaftsbild vieler Jahrhunderte. Zwischen Overhetfeld und Landesgrenze führt sie sogar entlang einer der wenigen Wacholderheiden, die am linken Niederrhein erhalten blieben.

Doch diese Tour bietet - vor allem im Bereich des Boschbeektals - noch ein Walderlebnis besonderer Art. Wenn unsere mitteleuropäischen Breiten überhaupt noch wenigstens die Ahnung eines Urwalds gegenwärtig halten, dann hier in den Erlen- und Birkenbrüchen. Die tiefgründigen Bruchwälder haben ihr ganz eigenes Dunkel und ihr eigenes Geheimnis. Hier einzudringen verbietet nicht nur die ›Trittempfindlichkeit‹ des Lebensraums. Solche Zurückhaltung nimmt auch in Kauf, daß der Königsfarn den Blicken verborgen bleibt. Dabei ist er wirklich der König unter den Farnen, dessen sporentragende Blätter sich über den grünen Rispen mächtig in die Höhe recken.

Bei so viel Natur trifft es sich gut, daß Brüggen über ein Jagd- und Naturkundemuseum verfügt. Es hat darüber hinaus auch einen attraktiven Standort, nämlich den Palas einer ehemaligen, nicht ganz unbedeutenden Wasserburg. Ihre grenznahe Lage führte in einer ohnehin unruhigen Region des öfteren zu Besitzerwechsel und Zerstörung. Immerhin blieb von der einstigen Vierflügelanlage der nun als Museum genutzte Wohnbau erhalten. Zum Burgbezirk gehörten seit frühester Zeit ebenfalls eine Wassermühle - die jetzige stammt aus dem 18. Jh. und ist heute eine Gaststätte - sowie das frühere Schwalmtor. Es beherbergt derzeit das Informationszentrum des Naturparks Schwalm-Nette, wo der Besucher noch einmal das ganze Panorama dieser einzigartigen Landschaft an sich vorüberziehen lassen kann.

Linke Seite: Burg Brüggen
Oben: Wassermühle der Burg Brüggen
Unten: Naturschutzgebiet Elmpter Schwalmbruch mit Venekotensee

Wegverlauf: Brüggen (km) – Venekotensee (5) – NSG Lüsekamp (10) – Niederkrüchten (13) – Brempter Mühle (4) – Brüggen (6)

Länge: Rundkurs, ca. 38 km

Schwierigkeitsgrad: Leicht, keine nennenswerten Steigungen

Einkehrmöglichkeiten: In Brüggen und im Schwalmtal

Anfahrt:
Mit dem Fahrrad: R 9 / R 14 / R 16
Mit der DB: Boisheim oder Dülken
Mit dem Kfz: A 52 / A 61

Die Tour:

Ausgangspunkt der Radtour ist die **Burg Brüggen**. Von hier aus fährt man ein Stück nördlich der Schwalm und biegt dann nach links in Richtung **Overhetfeld** ab. Im Ort fährt man rechts und hinter der Kirche wieder rechts auf die Schwalm zu, die aber nicht überquert wird. Weiter geht es nach links entlang der Schwalm zwischen Venekotensee und Baggersee zum **Elmpter Bruch**. Durch den Elmpter Bruch führt die Tour über Waldwege zur deutsch-niederländischen Grenze und von hier in südlicher Richtung bis zur B 230. Ein kurzes Stück fährt man dann nach rechts auf der Bundesstraße, um nach wenigen Metern erneut links abzubiegen und entlang der Grenze schließlich zum **NSG Lüsekamp** zu gelangen. Ab hier ist der weitere Verlauf der Tour als R 16 bzw. Zwei-Länder-Route bis **Niederkrüchte**n mit der Pfarrkirche St. Bartholomäus beschildert. Ab Niederkrüchten folgt die Tour dem R 9 entlang der Schwalm via **Brempt**, **Mühlrather Mühle** und **Born**, zurück bis zum Ausgangspunkt in **Brüggen**.

Info: Verkehrsamt der Gemeinde Brüggen,
Klosterstraße 38, 41379 Brüggen,
Tel.: 02163/570164

1 Overhetfeld: Marienkapelle an der Heiden, barockes Gotteshaus mit Antwerpener Schnitzaltar (Flügel gemalt) um 1530

2 NSG Elmpter Schwalmbruch: Eines der wertvollsten Naturschutzgebiete am Niederrhein mit großer Lebensraum- und Artenvielfalt

3 NSG Lüsekamp und Boschbeektal (s. S. 37)

4 Niederkrüchten: Kath. Pfarrkirche St. Bartholomäus, Barockausstattung

5 Brempt: Georgskapelle, einschiffiger Bau um 1500, romanischer Kruzifixus

6 Mühlrather Mühle am Hariksee mit zwei erhaltenen Mühlrädern

7 Born: Kath. Pfarrkirche St. Peter mit spätromanischem Taufstein

8 Brüggen: Kath. Pfarrkirche St. Nikolaus mit ausgezeichneter Bachorgel

9 Brüggen: Jagd- und Naturkundemuseum Burg Brüggen, Di-Fr 10-12, 14-17, Sa, So 10-17 Uhr

1 km
1:75000

Wege um Wegberg

Im Süden des Naturparks Maas-Schwalm-Nette

Diese Tour führt den Radwanderer in das Umland der kleinen Stadt Wegberg. Und hier ist es nicht nur die Schwalm, sondern es sind auch ihre Nebenbäche, die ihm die schönsten Wege weisen.

...Was keineswegs heißt, daß der Radwanderer einen Ort wie Wegberg links liegen lassen soll. Zumindest um das einstige Schloß herum greift die Landschaft noch in das Siedlungsbild hinein. Die Schwalm ist hier ein junger Fluß, der sich oberhalb von Tüschenbroich auf seinen 43 km langen Weg in die Maas macht. Und obwohl die Gegend wahrhaftig nicht arm an Sumpflöchern war, hat es die Menschen offenbar schon früh hierhin gezogen.

Ja, das Quellgebiet der Schwalm kann sogar mit einem Superlativ prahlen. Nirgendwo auf dem ganzen Kontinent findet sich heute noch ein Bereich, in dem die frühen Burgbauten aus dem 10. bis 12. Jh. so dicht zusammenstehen wie hier. Diese sogenannten Motten verdanken ihren Namen dem französischen Wort für die Erd- und Grassoden ihrer Schutzhügel (*motte*). Sie setzen sich aus Burg und Vorburg zusammen. Zusätzlich schützte ein Wassergraben den anfangs nur hölzernen Bau. Noch heute sind die markanten Hügel im Gelände leicht zu erkennen, auch wenn sie längst keine Burg mehr, sondern nur noch einen dichten Baumbewuchs tragen.

Bei Schloß Tüschenbroich blieb gleichfalls eine Motte erhalten, ihre ungleich komfortablere, spätmittelalterliche Nachfolgerin beanspruchte als Bauplatz allerdings eine quadratische Insel. Nur hat von dieser Wasserburg lediglich der zweigeschossige Wohnflügel die Zeiten überdauert, und auch er nur zum Teil und in barocker Umgestaltung. Das tut der hiesigen Schwalmidylle jedoch keinen Abbruch, denn sowohl eine erhaltene Wasser- wie eine Ölmühle samt ihren Teichen verleihen dem Ort eine entschieden romantische Stimmung, zu dem ebenfalls die im Wald gelegene Ulrichskapelle ihren Teil beiträgt.

Wassermühlen prägen das Schwalmtal auch andernorts. Was dem Radfahrer nicht nur aus ästhetischen Gründen recht sein kann: Viele sind heute in Gaststätten umgewandelt. Im zeitigeren Frühjahr sollte man ein wenig mehr auf den Weg achten. Dann nämlich kriechen, krabbeln und hüpfen zahlreiche Amphibien zu ihren Laichplätzen. Molche und Lurche, Frösche und Kröten schätzen die Schwalmgegend wegen ihrer Erlen-Bruchwälder, wegen der Feuchtwiesen, der Still- und Fließgewässer. Und diesen Vierbeinern können, besonders in der Dämmerung, eben auch Radreifen gefährlich werden.

Seltener regt die Dämmerung im Pflanzenreich zu verstärkter Aktivität an. Beim Wald-Geißblatt tut sie es dennoch: Seine Blüten duften am Abend besonders betörend. Und hier im Bruchwald sogar ungewöhnlich hoch über den Häuptern verspäteter Nachtwanderer. Mehrere Meter rankt sich die Schlingpflanze in die Erlen hinauf.

Wer bei so viel Natur das kulturelle Gegengewicht sucht, dem sei der kurze Abstecher nach Beek empfohlen. Denn hier gibt es nicht nur einen stimmungsvollen Marktplatz mit der (modern erweiterten) spätgotischen Pfarrkirche. Schon die Fassaden um den Platz geben zu erkennen, daß Beek nicht immer ein mehr oder weniger beschauliches Dörfchen gewesen ist. Das Flachsmuseum klärt darüber auf, welch glanzvolle Rolle der Ort als Zentrum der Leinenmanufaktur spielte. An einem Septemberwochenende erinnert ein Historischer Flachsmarkt an diese vergangenen Zeiten.

Linke Seite: Ölmühle zum Schloß Tüschenbroich
Oben: Motte Tüschenbroich
Unten: Riedgedecktes Haus in Wegberg-Schwaam

ROUTE 9

1. Schloß Tüschenbroich, spätmittelalterliche Wasserburg, barock umgestaltet (s. S. 41)
2. Schwanenberg: Ev. Kirche, dreischiffige Halle von 1547, benachbart der ev. Pfarrhof von 1722
3. Beek: Historischer Ortskern mit Flachsmuseum, So 11-12, 14.30-17 Uhr
4. Merbeck: Rieddachgehöfte aus der Barockzeit
5. Wegberg: Kath. Pfarr- und Klosterkirche St. Peter und Paul mit Bauteilen spätgotischer Hallenkirche, benachbart die ehemalige Kreuzbrüderpropstei (Dreiflügelanlage um 1750)

Wegverlauf: Wegberg (km) - Tüschenbroich (3) - Schwanenberg (5) - Moorshoven (7) - Bollenberg (8) - Merbeck (5) - Wegberg (6)

Länge: Rundkurs, ca. 34 km

Schwierigkeitsgrad: Leicht, keine nennenswerten Steigungen

Einkehrmöglichkeiten: In Wegberg, im Schwalmtal bei Tüschenbroich und am Mühlenbach

Anfahrt:
Mit dem Fahrrad: R 11 / R 16 / R 18
Mit der DB: Wegberg
Mit dem Kfz: A 46 / A 61

Die Tour:
Die Tour startet in **Wegberg** am Parkplatz an der Burg und folgt nach Überquerung der L 3 dem Lauf der Schwalm über Watern nach **Schloß Tüschenbroich**. Hier hält man sich links, und weiter geht es über Geneiken und Genfeld nach Genhof. Hier wird links auf die L 46 in Richtung Schwanenberg abgebogen. Hinter der Pfarrkirche in **Schwanenberg** geht es rechts ab und über Wirtschaftswege in Richtung Oerath. Hinter Oerath wird die L 3 gekreuzt, und weiter geht's über Flassenberg, Schönhausen nach Moorshoven. In Moorshoven biegt man links ab auf die L 127 - geradeaus geht es zum Flachsmuseum nach **Beek** - und nach wenigen Metern gleich wieder rechts nach **Gripekoven**. Hinter Gripekoven nach links auf die K 12. Gleich wieder rechts,

dann links und nach 500 m wieder rechts. Die Route führt jetzt durch den Wegberger Wald zum Mühlenbach und weiter durch den Schwalmtaler Bruch über Balkhoven, Bollenberg (bei Krupploch rechts) und Schwaam nach **Merbeck**. Von Merbeck aus fährt man ein Stück auf der L 367 in Richtung Arsbeck und biegt dann links ab auf die Kahrbahn. Auf diesem Weg geht es immer geradeaus zurück nach **Wegberg**.

Info: Amt für Wirtschafts-/Strukturförderung und Statistik des Kreises Heinsberg, Valkenburger Straße 45, 52525 Heinsberg, Tel.: 0 24 52/13-6 20

Von Moers nach Westen

Die Bergwelt am Niederrhein

Von Moers aus geht es diesmal über Kamp-Lintfort nach Neukirchen-Vluyn. Neben Burg und Kloster locken ein wunderschöner Klostergarten und die Aussicht von den Schaephuyser Höhen.

Zumindest historisch orientiert sich am Niederrhein vieles nach Westen. Die Grafschaft Moers stand seit 1600 unter (nassau-)oranischer Herrschaft, und gegen die Erbansprüche des preußischen Königs 1702 haben sich die Moerser zehn Jahre lang erbittert, obwohl letztlich erfolglos, gewehrt.

Wir aber ehren die noch ältere Moerser Geschichte, indem wir uns an der Burg auf den Sattel schwingen. Steckt doch in ihrem Wehrturm noch Mauerwerk des 12. Jh., in dem wiederum römische Ziegel (mindestens) zweitverwendet sind. Einen Turm ganz anderer Art passieren wir dann mit dem Wetterschacht der Zeche Friedrich-Heinrich: Die Gegend um Kamp-Lintfort ist der westliche Vorposten des Kohlenpotts. Das Geologische Museum im Schulzentrum von Kamp-Lintfort klärt über die erdgeschichtlichen Zusammenhänge auf; es sollte dem Radwanderer schon allein deshalb einen Abstecher wert sein, weil es in einem ehemaligen Fahrradkeller untergebracht ist.

In eine ganz andere Welt versetzt Kloster Kamp. Wir kommen durch den Wald auf den Abteiplatz, auf dem immer noch so etwas wie klösterliche Stille waltet. Selbstredend zieht zunächst die ehemalige Zisterzienserkirche St. Maria die Blicke auf sich, ihre weite Halle entstand im 15. und 17. Jh. Ein wenig hält die Ausstattung noch von den späten (barocken) Glanzzeiten Kamps gegenwärtig, die Abtei selbst war die früheste Niederlassung des Ordens auf deutschem Boden.

Aber nicht dieser Kirche wegen sind wir in Kamp. Ein schmaler Durchlaß westlich des Gotteshauses führt uns an den Rand einer Terrasse, das Gelände fällt hier um etliche Meter ab. Um 1740 hat der Klosterbruder Benedikt Bücken die ›Prosa‹ dieses Abfalls in die ›Poesie‹ eines Terrassengartens umgewandelt. Und wenn der Querfurthsche Kupferstich des Jahres 1747 nicht allzu sehr fabuliert, dann hat die Anlage keinen Vergleich mit den bedeutenden Gärten ihrer Zeit scheuen müssen.

Kamp heute ist eine Nachschöpfung, die barocke Gartenarchitektur mit modernen Gestaltungsmitteln interpretiert. Nichtsdestoweniger bedeutet diese Anlage (heute mehr denn je) einen großen Gewinn für's Landschaftsbild. Weniger Freude hatten die Kamper Zisterzienser an ihren hausnahen Rebhängen, die »auch in guten Zeiten keinen genießbaren Wein hervorbrachten« (Friedrich Michels). Aus den Trauben vom Südhang des Oermter Berges dürfte gleichfalls nie ein guter Tropfen gekeltert worden sein. Natürlich ist der Weinbau dort längst Geschichte, heute bietet der Oermter Berg ganz andere Attraktionen.

Der ›Berg‹ gehört zu den Schaephuyser ›Höhen‹, einer Stauchmoräne eiszeitlicher Herkunft. Mit dem Schardenberg erreicht der Höhenzug immerhin eine Höhe von 78 m, und die Ebene überragt er um 30-40 m – nach Flachland-Maßstäben also deutlich. Und der Oermter Berg im besonderen verspricht nicht nur eine gute Aussicht, sondern auch ein Wildgehege (mit Dam-, Schwarz-, Rotwild und Mufflons), einen – freilich äußerst einsilbigen – Naturlehrpfad sowie eine (überholungsbedürftige) Ausstellung »Wald und Wild am Niederrhein«. Es empfiehlt sich hier selbst dann eine Rast, wenn die Beine vom Pedaltreten noch nicht müde sind.

Linke Seite: Terrassengärten von Kloster Kamp
Oben: Schloß in Moers
Unten: Blick auf Kloster Kamp

ROUTE 10

1 Wetterschacht der Zeche Friedrich-Heinrich (s. S. 45)

2 Kamp-Lintfort: Geologisches Museum im Schulzentrum Moerser Str. 167 (s. S. 45), Di-Do 10-12, 14-16, Fr 10-12, 1. So im Monat 10-13 Uhr

3 Kamp: Klosteranlage mit Terrassengarten (s. S. 45); Ordensmuseum Abtei Kamp (Abteiplatz 24) mit historischen Sammlungen aus Zisterzienserklöstern, Di-Sa 14-18, So 11-18 Uhr

4 Oermter Berg (s. S. 45): Wildgehege

5 Neukirchen-Vluyn: Schloß Bloemersheim, schöngelegener Dreiflügelbau (15.-19. Jh.) mit Wirtschaftshof und Park

6 Kapellen: Schloß Lauersfort, imposante Anlage mit Vorburg, Torbau von 1720

7 Moers: Burg (s. S.45); historischer Stadtkern; Grafschafter Museum im Moerser Schloß mit Sammlungen zur regionalen Kulturgeschichte, Di-Fr 9-18, Sa, So 11-18 Uhr

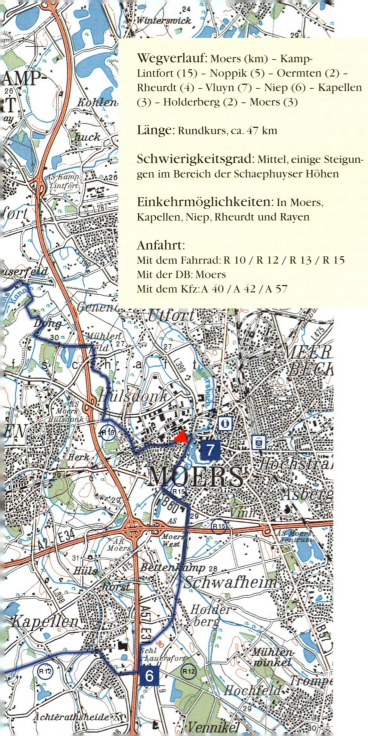

Wegverlauf: Moers (km) – Kamp-Lintfort (15) – Noppik (5) – Oermten (2) – Rheurdt (4) – Vluyn (7) – Niep (6) – Kapellen (3) – Holderberg (2) – Moers (3)

Länge: Rundkurs, ca. 47 km

Schwierigkeitsgrad: Mittel, einige Steigungen im Bereich der Schaephuyser Höhen

Einkehrmöglichkeiten: In Moers, Kapellen, Niep, Rheurdt und Rayen

Anfahrt:
Mit dem Fahrrad: R 10 / R 12 / R 13 / R 15
Mit der DB: Moers
Mit dem Kfz: A 40 / A 42 / A 57

Die Tour:

An der Repelener Straße/Ecke Unterwallstraße in **Moers** beginnt die Tour auf dem Fernradwanderweg R 15 und leitet vorbei an einem Baggersee und einem **Wetterschacht der Zeche Friedrich-Heinrich** nach **Kamp-Lintfort**. Am Ortsrand von Gestfeld geht es rechter Hand weiter über die Eyller Straße durch Kamp-Lintfort bis zur Kreuzung Moerser Straße. Hier links abbiegen. Auf der rechten Straßenseite befindet sich im Schulzentrum Moerser Straße 167 das **Geologische Museum**; ein Stück weiter auf der linken Seite das **Kloster Kamp**. Hinter dem Kloster geht es auf dem R 10 links ab in Richtung Geisbruch und weiter über Noppick nach Oermten. Hier wechselt man auf den R 13 und folgt ihm vorbei am **Oermter Berg**, der mit seinem Tierpark, Waldlehrpfad, Kinderspielplatz und dem Museum zum Verweilen einlädt, und fährt weiter, an **Neukirchen-Vluyn** vorbei durch den Staatsforst Xanten bis nach Niep. Die Route verläuft jetzt auf dem R 12 durch **Kapellen**. Hinter der Autobahnunterführung geht es gleich links ab zu Schloß Lauersfort und weiter über Holderberg bis zur Venloer Straße in **Moers**. Hier links, dann rechts durch den Freizeitpark und auf der Krefelder Straße wieder zurück zum Ausgangspunkt.

Info: Verkehrsamt Moers, Meerstraße 2, 47441 Moers. Tel.: 02841/201775, Fax: 02841/201779; Verkehrsamt Rheurdt, Rathausstraße 25, 47509 Rheurdt, Tel.: 02845/69292, Fax: 02845/60399

1 km
1:75 000

In und um Krefeld

Zwischen Landstädtchen und Stadtlandschaft

Kulturlandschaftliche Kleinode gibt es zuweilen auch dort, wo selbst der einigermaßen Landeskundige nicht unbedingt mit ihnen rechnet. So muß eine Tour um Krefeld einfach an der Burg Linn beginnen und enden.

Sicher, heute ist die Burg eine Ruine. Oder doch fast schon keine mehr, nach den sorgfältigen Restaurierungen der letzten Jahre. Der Besucher jedenfalls wandelt durch wohlerhaltene Säle, Gemächer und Kammern, staunt über die Balkendecke der Küche ebenso wie über die mächtigen Kuppelgewölbe des Bergfrieds. Und vielleicht verdankt er seine Eindrücke ja gerade jenem Spanischen Erbfolgekrieg, der den Niederrhein – und Burg Linn insbesondere – derart in Mitleidenschaft zog. Denn nach der Zerstörung wurde die Burg nie wieder aufgebaut. Ihr alter Zustand blieb also erhalten, weil er sich nicht neuen Repräsentations- und Wohnbedürfnissen anpassen mußte.

Statt dessen entstand 1730 auf dem Gelände der Vorburg das Jagdschloß, Bauherr war der einschlägig bekannte Kölner Kurfürst Clemens August. Diesmal aber ließ er es bei einem eher schlichten Palais bewenden. So bescheiden hat sich das Gebäude ausgenommen, daß man im 19. Jh. meinte, seine Fassade ›aufdonnern‹ zu müssen – zweifellos zum Schaden des Gesamteindrucks.

Wie dem auch sei – Burgruine und einstiges Jagdschloß sind heute als Museum erschlossen, Thema: adlige und großbürgerliche Wohnkultur vom Mittelalter bis ins 19. Jh. Zum Museumskomplex gehört aber gleichfalls ein ehemaliger Bunker, wo die ur- und frühgeschichtlichen Hinterlassenschaften des Krefelder Raums präsentiert werden, vor allem jedoch die äußerst interessanten Funde des römisch-fränkischen Gräberfelds von Krefeld-Gellep.

Auch Linn kann seit 1981 mit einem Museum, nämlich dem Deutschen Textilmuseum, aufwarten. Es zeigt 20 000 Gewebe aus allen Weltteilen und Epochen und hält die glanzvolle Rolle Krefelds in der Geschichte der deutschen Tuchindustrie gegenwärtig. Auch das Städtchen selbst ist einen Rundgang wert. 1318 wird die befestigte Burgsiedlung erstmals Stadt genannt, und ihr historischer Kern blieb bis heute weitgehend erhalten. Die ehemaligen Wallanlagen wurden freilich zu einem Grüngürtel.

Grünzüge sind ein gutes Stichwort für eine Krefeld-Tour insgesamt, das gilt besonders für den Stadtteil Bockum. Dorthin führt die Route, um dann am Stadtwald entlangzulaufen. Wie etliche Krefelder Parks geht er auf die Schenkung eines Seidenfabrikanten zurück. Als Park angelegt, verfügt er heute durchaus über waldartige Partien – und ein hübsches Jugendstilgebäude mit Café!

Ein Gegenstück zum Stadt- ist der Forstwald im Südwesten Krefelds. Wir erreichen ihn über eine Allee aus prächtigen Stieleichen und Linden. Eigentlich müßte dieser Wald Forst heißen: Denn er wurde 1822 durch den Krefelder Kaufmann Gerhard Schumacher begründet und ging aus einer Heide hervor. Auf derem sehr übersichtlichen baumlosen Gelände haben die beiden Schlachten an der Hückelsmay getobt. Während des Dreißigjährigen Krieges standen hier 1642 Kaiserliche, während des Siebenjährigen 1758 Preußen gegen Franzosen.

Die heutige Unruhe in und um Krefeld geht nicht unwesentlich auf das Konto des Autoverkehrs. Selbst der Radfahrer kann dem Lärm nicht immer ausweichen. Aber ihm stehen eben doch auch die Wege offen, auf denen sich die Seidenstadt von ihren besten Seiten zeigt.

Linke Seite: Burg Linn mit Jagdschloß
Oben: Über die Felder in Krefeld
Unten: Margareten-Straße in Krefeld-Linn

ROUTE 11

1. Linn: Burg mit Museum (s. S. 49), Schwerpunkt Wohnkultur vom Mittelalter bis ins 19. Jh., Ausgrabungsfunde aus Krefeld-Gellep, 1.4.-31.10. Di-So 10-18, 1.11.-31.3. Di-So 10-13, 14-17 Uhr

2. Linn: Historischer Stadtkern; Deutsches Textilmuseum Krefeld (s. S. 49), 1.4.-31.10. Di-So 10-18, 1.11.-31.3. Di-So 10-13, 14-17 Uhr

3. Krefeld: Stadtwald (s. S. 49)

4. Krefeld: Forstwald bei Benrad (s. S. 49)

5. Geismühle (s. S. 49)

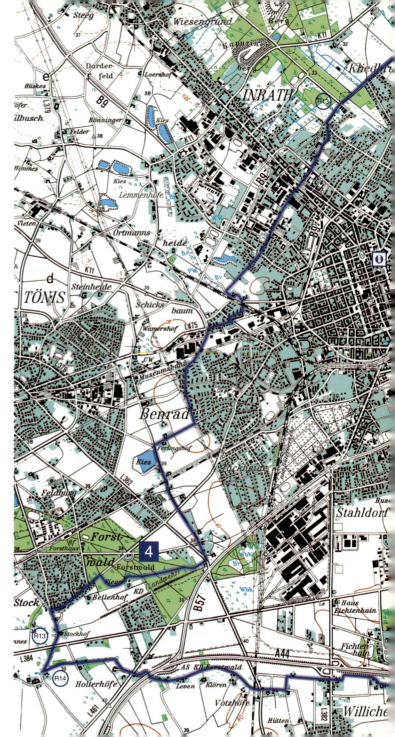

1 km
1 : 50 000

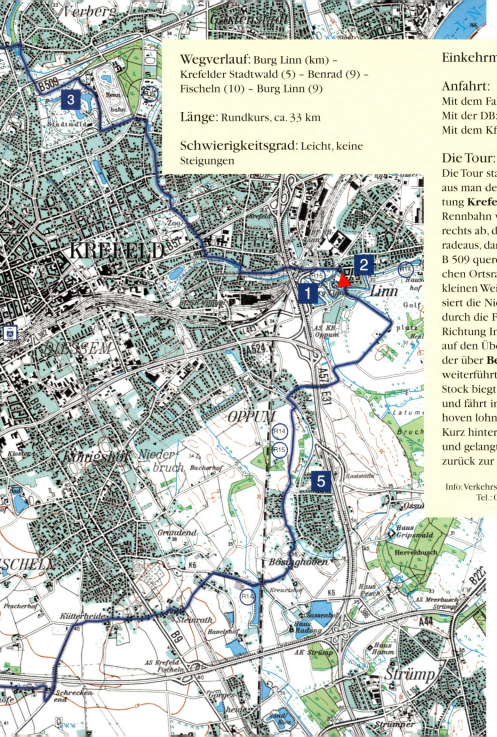

Wegverlauf: Burg Linn (km) – Krefelder Stadtwald (5) – Benrad (9) – Fischeln (10) – Burg Linn (9)

Länge: Rundkurs, ca. 33 km

Schwierigkeitsgrad: Leicht, keine Steigungen

Einkehrmöglichkeit: In Krefeld

Anfahrt:
Mit dem Fahrrad: R 13 / R 14 / R 15
Mit der DB: Krefeld
Mit dem Kfz: A 44 / A 57

Die Tour:

Die Tour startet an der **Burg Linn**, von wo aus man dem R 15 am Zoo vorbei in Richtung **Krefelder Stadtwald** folgt. An der Rennbahn verläßt man den R 15 und biegt rechts ab, durchquert den Stadtwald erst geradeaus, dann links und wieder rechts. Die B 509 querend, gelangt man an den westlichen Ortsrand von Verberg. Hinter einem kleinen Weiher biegt man nach links ab, passiert die Niepkuhlen und die L 475 und fährt durch die Felder nördlich von Kliedbruch in Richtung Inrath. Kurz vor Inrath stößt man auf den Überregionalen Radfernweg R 13, der über **Benrad** und durch den Forstwald weiterführt. Wenige hundert Meter hinter Stock biegt man nach links auf den R 14 ein und fährt in Richtung Linn. – Bei Bösinghoven lohnt ein Abstecher zur **Geismühle**. – Kurz hinter Oppum überquert man die A 57 und gelangt am Golfplatz vorbei wieder zurück zur **Burg Linn**.

Info: Verkehrsamt Krefeld, Theaterplatz 1, 47798 Krefeld, Tel.: 0 21 51/61 13 86, Fax: 0 21 51/6 90 94

Mönchengladbacher Umland

Eine Spurensuche

Am ›Bunten Garten‹ vorbei führt die Tour durch Mönchengladbachs Nordosten über die Bockerter Heide zum Hardter Wald. Wieder zurück in Mönchengladbach, steht der Abteiberg im Mittelpunkt des Interesses.

Ein Name wie ›Bunter Garten‹ verspricht einiges. In Mönchengladbach jedoch ist er eher geschichtliche Erinnerung, 1928 fand hier die Deutsche Rosenschau statt. Immerhin verdanken wir ihr den Grünzug, der uns bis zum Hauptfriedhof führt. Bald darauf aber kündigt der Ortsname Großheide ein wirkliches Landschaftserlebnis an.

Häufig allerdings sind Namen wie dieser nur noch Schall und Rauch. Selbst auf der Bockerter Heide sind die namensgebenden Lebensräume ganz verschwunden. Aber das soll nicht so bleiben. Denn der Kreis Viersen will die Bockerter Heide unter Naturschutz stellen.

Dabei geht es hier nicht um wertvolle Biotope, gefährdete Pflanzen und bedrohte Tiere. Vielmehr sollen wesentliche Elemente der Kulturlandschaft wiederhergestellt und womöglich weiterentwickelt werden. Besonderen Schutz verdienen dabei die Mispelbäume. Die Blüten der Mispel, früher ein gefragter Obstbaum, fanden Aufnahme ins Wappen des Herzogtums Geldern (und später in das der Stadt Viersen). Der Baum könnte als Hoheitszeichen verstanden werden, zumal er des öfteren auf Wällen oder an der Landwehr steht. Deshalb erinnert die Stockform der Mispel gleich an die Worte des mittelalterlichen Gelehrten Konrad von Megenberg: »Von des Baumes Holz macht man gar treffliche Knüttel zu kämpfen und zu fechten.«

Hardt ist ein Ortsname, der unmittelbar auf die natürlichen Gegebenheiten hinweist. Hardt meint die bewaldete Höhe, insofern ist die Kartenbezeichnung Hardter Wald doppelt gemoppelt. Der jetzige Wald ist allerdings noch nicht sehr alt. Er ging aus einer Heide hervor und entstand erst nach 1770. Auch pflanzten die Forstleute hier nicht die standortgerechten Eichen und Birken oder allenfalls Buchen an. Nein, einmal mehr mußte die Kiefer dazu herhalten, einen Forst auf Sand zu bauen.

Zwischen dem Krankenhaus Hardter Wald-Klinik und Herdt (Höhe Heiligenpesch) radelt man wieder einmal entlang einer Landwehr, die hier zu einem guten Teil erhalten blieb. Nur noch zurück in die Geschichte verweist der Name Engelsholt, jedenfalls soweit es den Wortteil ›holt‹ (Holz) angeht. Einst nämlich erstreckte sich hier der große Kammerforst der Mönchengladbacher Benediktiner. Die schriftlichen Quellen lassen erkennen, wie wenig Freude die Brüder zuletzt an ihrem Besitz hatten. Häufig beklagen sie die dreisten Übergriffe der umliegenden Kätner und Bauern. Tatsächlich waren solche Klagen wohl keine bloßen Pflichtübungen in Herrschaftsrhetorik. Bis etwa 1750 hatten die lieben Untertanen derart mit der Axt im Wald gehaust, daß der Abt den Kammerforst roden ließ.

Aber mit dem geplagten Abt ist endlich doch die Hauptsehenswürdigkeit Mönchengladbachs in den Blick genommen. Wer hier vom Rad steigt, sollte die Gelegenheit zum Besuch der ehemaligen Benediktiner-Abteikirche St. Vitus nicht versäumen. Wie ein Schiff die Bugwelle scheint der frühgotische Chor das Grün seiner Anhöhe vor sich herzuschieben. Nicht weniger imposant wirkt der romanische Westbau vom Ende des 12. Jh. Und im äußerst reizvollen Kontrast zum mittelalterlichen Gotteshaus steht das Städtische Museum Abteiberg von Hans Hollein, dessen avancierte Architektur (1972-83) Zeugnis entschiedener Zeitgenossenschaft ist.

Linke Seite: Bockerter Heide
Oben: Wasserturm, Mönchengladbach
Unten: Kirchenfenster der Abtei St. Vitus

Wegverlauf: Mönchengladbach ›Bunter Garten‹ (km) – Bockerter Heide (6) – Hardt (3) – Herdt (9) – Holt (7) – Mönchengladbach (5)

Länge: Rundkurs, ca. 30 km

Schwierigkeitsgrad: Leicht, keine nennenswerten Steigungen

Einkehrmöglichkeiten: In Mönchengladbach, der Bockerter Heide, dem Hardter Wald und bei Gerkerathwinkel

Anfahrt: Mit dem Fahrrad: R 11 / R 16
Mit der DB: Mönchengladbach
Mit dem Kfz: A 52 / A 61

Die Tour:
Am ›**Bunten Garten**‹ in Mönchengladbach beginnt die Radtour und führt zunächst auf der Lettow-Vorbeck-Straße in nördlicher Richtung. Nach 800 m links in den SchürenWeg abbiegen, die Viersener Straße passieren und weiter auf der Annakirchstraße und Haiderfeldstraße durch Windberg und Großheide. In Höhe des Hainbuchenweges links abbiegen und auf dem Botzlöher Weg nach Bötzlöh. Hier geht es links ab und über Feld- und Waldwege durch die **Bockerter Heide**. Am Haus Waldfrieden überquert man die A 61, dahinter geht es rechts, dann links auf der Hardter Straße (L 39) durch Rasseln zur Hardter Landstraße. Nachdem die A 52 überquert wurde, biegt man rechts ab in die Alex-Scharff-Straße (Hardt) und dann wieder rechts auf die Tomper Straße. Von der Hauptstraße geht's nach links über die Brahmsstraße und den Leloher Weg in den Hardter Wald, dann nach links auf den Schlaaweg und an seinem Ende links auf den Birkmannsweg. Am Birkmannsweg/Ecke Louise-Gueury-Straße muß man scharf rechts, hinter der Hardter-Wald-Klinik wiederum nach rechts abbiegen. Auf der Straße Am Kuhbaum steuert man über Herdt

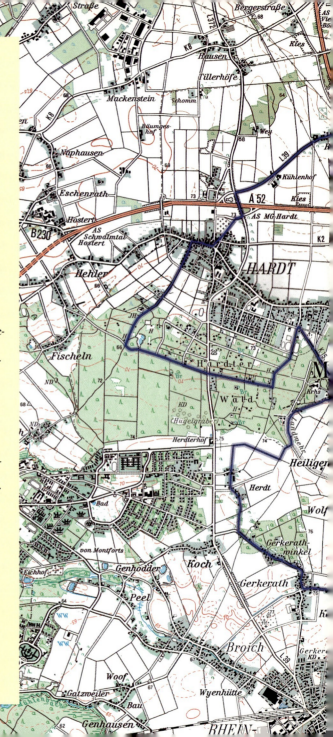

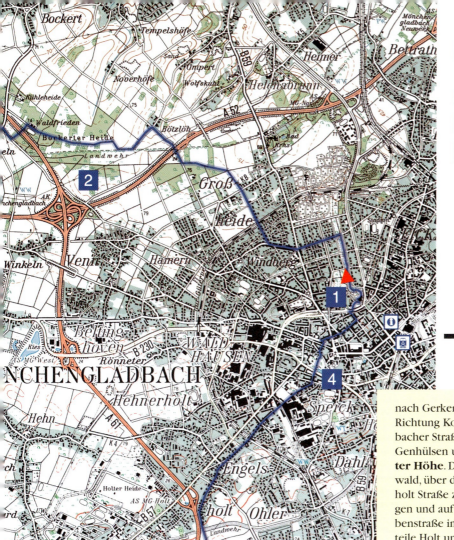

1 Mönchengladbach: ›Bunter Garten‹ (s. S. 53)

2 Bockerter Heide (s. S. 53)

3 Aussichtspunkt Rheydter Höhe

4 Mönchengladbach: Abteiberg mit Münster, Di-Sa 14-18, So 12-18 Uhr; Städtisches Museum Abteiberg mit bemerkenswerten Exponaten zur Kunst des 20. Jh., Di-So 10-18 Uhr

1 km
1 : 50 000

nach Gerkerath: Hier links und auf der K 9 in Richtung Kothausen. Nach Kreuzen der Gladbacher Straße geht es geradeaus weiter nach Genhülsen und über die A 61 auf die **Rheydter Höhe**. Die Tour führt nun durch den Stadtwald, über den Pongser Kamp und die Engelsholt Straße zur Bahnstraße. Hier rechts abbiegen und auf der weniger stark befahrenen Nebenstraße immer geradeaus durch die Ortsteile Holt und Speick. Man passiert die Hittastraße und fährt am **Abteiberg** vorbei über die Rathausstraße, den Marktstieg und die Kaiserstraße. Hinter dem Adenauerplatz biegt man links in die Albertusstraße, dann wieder links und schließlich rechts in die Lützowstraße. Nachdem die Hohenzollernstraße gequert wurde, führt die Route zurück in den ›**Bunten Garten**‹.

Info: Verkehrsverein Mönchengladbach, Bismarckstraße 23–27, 41061 Mönchengladbach, Tel.: 02161/22001, Fax: 02161/274222

Der Düsseldorfer Süden

Von Parks und Schlössern der Gartenstadt

Diesmal wird es literarisch! Und das keinesfalls nur, weil unsere Route gleich zu Beginn am Goethe-Museum vorbeiläuft. Die Tour durch Düsseldorf verbindet eine Fahrt durch Parks und Gärten mit einem Besuch der Schlösser in Eller und Benrath. Über Himmelgeist und Flehe geht es dann am Rhein entlang zurück.

1711 bezog der Bergische Oberjägermeister Schloß Eller als Amtssitz. Ob es ihn gefreut hätte, daß ein Teil des Eller Forstes zum Naturschutzgebiet erklärt wurde, muß dahingestellt bleiben. Jedenfalls verdankt dieses Waldstück seine besondere Stellung der reichen Vogelwelt, die wiederum auf eine halbwegs intakte Vegetation angewiesen ist: Hier finden sich noch ordentliche Roterlen-, Eschen- und Stieleichen-Hainbuchen-Bestände. Bis zum Eller Forst reichte demnach früher die Stromaue – die Bäume halten noch fest, was als landschaftlicher Zusammenhang bereits verlorenging.

Vom Landschaftsbildner Rhein zeugen mittelbar auch die Kiesgruben. Sie allerdings sind inzwischen ausgebeutet und stehen als Unterbacher Seen unter Wasser. Auch unsere Tour führt an ihnen entlang auf das literarisch gewürdigte Schloß Benrath zu. Nur brauchen sich die Poeten anders als Sachbuchautoren nicht streng an die realen Vorgaben halten. Sonst hätte nämlich Fontanes Roman »Effi Briest« zunächst auf Schloß Benrath spielen müssen, denn dort war den Vorbildern der unglücklichen Effi und ihres Landrats Instetten die repräsentative Dienstwohnung zugewiesen. Aber bekanntlich hat der Dichter das Geschehen nach Pommern verlegt. Es ist also nichts mit einer Beschreibung des ehemals kurfürstlichen Jagdschlosses Benrath aus der Feder Theodor Fontanes.

Thomas Mann hingegen ist selbst in Benrath gewesen – aber da hatte er seine Novelle »Die Betrogene« schon geund dort »dies Erzeugnis des späten Rokoko« sehr eigenwillig beschrieben. »Das Vestibül atmete vermuffte Kälte«, heißt es bei Mann. Dabei gibt es im ganzen Rheinland kein weiteres Schlößchen, das so viel Heiterkeit, so viel Anmut ausstrahlt wie das Benrather. Diese Sommerresidenz des Kurfürsten Carl Theodor von der Pfalz und seiner Gemahlin Elisabeth Auguste hat dem Pathos des Barocks schon abgeschworen, um 1770 setzte man eben nicht mehr auf die Einschüchterung des Betrachters durch die große architektonische Geste.

Und ganz ohne Frage lohnt es sich, in die Filzpantoffeln zu schlüpfen und übers kostbare Parkett zu gleiten. Denn im Inneren hat der kurfürstliche Oberbaudirektor Nicolas de Pigage eine virtuose Komposition aus nicht weniger als 80 Räumen geschaffen. Auch die Ausschmückung wirbt um nichts weniger als das helle Entzücken des Betrachters. Auf die Grundfarben Rosa, Grün und Gold abgestellt, beschwören Deckengemälde und Stuckreliefs Arkadien, das Land der Glückseligkeit.

Nachdem die Denkmalpfleger auch den farbenprächtigen ›Garten der Kurfürstin‹ wieder zu neuem Leben erweckt haben, ist der Benrather Schloßpark um noch eine Attraktion reicher. Zum Rhein hin durchdringen sich freilich die Elemente des französischen Barock- und des englischen Landschaftsgartens. Und schließlich geht die domestizierte Natur immer mehr in die natürliche Waldgesellschaft über. Zwischen ihren Bäumen entschwindet Schloß Benrath den Blicken.

Linke Seite: Schloß Benrath, Figurengruppe an der Gartenseite
Oben: Düsseldorfer Rheinpanorama
Unten: Düsseldorf, Altstadt

1. Düsseldorfer Altstadt mit Goethe-Museum, Di-Fr, So 11-17, Sa 13-17 Uhr
2. Eller Forst (s. S. 57)
3. Abstecher Schloß Eller, nicht zu besichtigen (s. S. 57)
4. Unterbacher Seen (s. S. 57)
5. Schloß Benrath, 18. Jh., Schloßpark (s. S. 57), Di-Fr 11-16, Sa, So 10-17 Uhr (Führungen ab 10 Uhr alle 30 min); im Wirtschaftstrakt das Naturkundliche Heimatmuseum Benrath, Di-So 10-17 Uhr
6. Schloß Mickeln
7. Himmelgeist: Kath. Pfarrkirche St. Nikolaus, romanisch, um 1170
8. Rheinpromenade

Die Tour:

Die Tour beginnt in der **Düsseldorfer Altstadt**. Über die Schadowstraße nach links (Bleichstraße, Goltsteinstraße, Louise-Dumont-Straße) geht es durch den Park am **Goethe-Museum** vorbei zur Pempelforter Straße. Hier rechts, dann links in die Straße Am Wehrhahn. Hinter der Gleisanlage biegt man rechts in die Birkenstraße, dann geradeaus weiter über Flurlichtstraße, Flurstraße, Bruchstraße und wieder rechts auf den Hellweg. Am Fortuna-Stadion vorbei, die Gleise passieren und hinter der Kirche rechts in die Bertastraße. Dem Weg folgt man über die Gleise und über die Gubener Straße, Neusalzer Straße, Reichenbacher Straße und Ellerkamp zum **Eller Forst**. – Rechts, im Ortsteil Eller, befindet sich **Schloß Eller**, das man am besten über die Vennhauser Allee erreicht. – Das Naturschutzgebiet mit seinem Waldlehrpfad und dem **Unterbacher See** lädt zum Verweilen ein. Auf dem Radweg neben der Rothenbergstraße geht es weiter in Richtung Meide. Nachdem man ein Stück entlang dem Westring gefahren ist, gelangt man auf dem Schalbruch zwischen Elb- und Menzelsee hindurch in den Stadtwald. An der Hildener Straße rechts und immer geradeaus zum **Schloß Benrath**. Hier biegt man links in die Urdenbacher Allee und gelangt, dann sich rechts haltend, an den **Urdenbacher Altrhein**. Immer am Rheinufer entlang passiert man **Schloß Mickeln**, dann die Orte **Himmelgeist**, Flehe und Volmerswerth und fährt bis Hamm. An der Hammer Brücke biegt man rechts in die Straße An den Kuhlen, fährt weiter geradeaus durch das Hafengebiet und am Landtag vorbei bis zur B 8. Von hier aus führt der Weg nach links und zurück über die **Rheinpromenade** in Richtung **Düsseldorfer Altstadt**. An der Pegeluhr rechts in die Straße Rheinort einbiegen, und dann geht es über die Rheinstraße, Flinger Straße und Theodor-Körner-Straße zurück zum Ausgangspunkt.

Info: Touristikinformation Düsseldorf, Mühlenstraße 29, 40200 Düsseldorf, Tel.: 02 11/89 93 803, Fax: 02 11/89 94 776

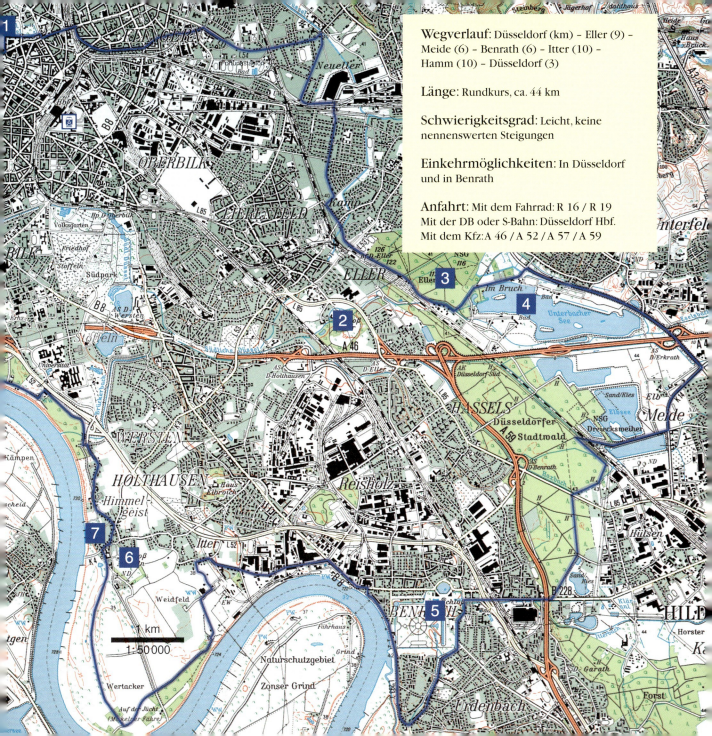

Von Düsseldorf ins Neandertal

»Und unten rauschet die Düssel«

Vom Düsseldorfer Stadtwald aus fährt der Radwanderer durchs Schwarzbachtal ins Neandertal. Zurück geht es an den Unterbacher Seen vorbei und durch den Eller Forst.

Rund 200 Jahre zu früh hat Joachim Neander (1640-90) gelebt, um im heftigen Streit zwischen Gegnern und Anhängern der Abstammungslehre überhaupt Partei ergreifen zu können. »Lobet den Herren«, lautet die bekannteste Ermunterung des Kirchenlieddichters an die Christenheit, und er begründet sein Gotteslob noch ganz unbefangen damit, daß der Schöpfer (zweite Strophe) so »künstlich und fein dich bereitet« habe.

Aber diesem Joachim Neander verdanken das Tal und dank des Tals eben auch jene Rasse unserer Spezies, die als ›homo sapiens neanderthalensis‹ ein prominentes Glied in der Kette der Menschwerdung ist, ihren Namen.

Ebenfalls viel zu früh hat Joachim Neander gelebt, um das Neandertal romantisch nennen zu können. Doch er hat es gern aufgesucht, nicht zuletzt wohl auch deshalb, weil die Gegend der poetischen Inspiration günstig war. 1791 jedenfalls schilderte der Graf zu Stolberg (Friedrich Leopold) die Szenerie so: »Auf einmal sahen wir einen tieferen Abgrund vor uns, und uns gegenüber hohe Felsen mit Wald gekrönt, und an einer Stelle mit Gebüsch und Efeu bekleidet waren. Und unten rauschet die Düssel.«

Wir unsererseits kommen zu spät, um das Tal noch im Brustton der Überzeugung romantisch nennen zu können. Selbst die Feldhofer Grotte ist schon lange dem Kalkabbau zum Opfer gefallen. Doch gerade bei dieser Art Landschaftsvernichtung stießen 1856 Arbeiter auf die eiszeitlichen Skelettreste. Allerdings gehörte zu einem solchen Fund auch ein kompetenter Interpret. Der Wuppertaler Gymnasialprofessor Johann Carl Fuhlrott beharrte trotz mancher Attacken seitens der etablierten Wissenschaft darauf, daß es sich bei den Knochen aus der Feldhofer Grotte um Überreste eines fossilen Menschen handele.

Und noch am Beginn einer weiteren Geschichte steht das Neandertal, wenn auch einer national begrenzten: Es ist das älteste Naturschutzgebiet Deutschlands. Die entsprechende Verordnung datiert vom 9. August 1921, erst knapp ein Jahr später erhielt das Siebengebirge denselben Status. So blieb wenigstens das Waldband links und rechts der Düssel erhalten, das den Lauf des Flüßchens so schön von der Agrarsteppe ringsum abgrenzt, von den bedrohlich nahen Trabantenstädten ganz zu schweigen. Selbst die ehemaligen Kalksteinbrüche hat der Wald weitgehend zurückerobert – übrigens keineswegs immer zugunsten des reichen Angebots an Lebensräumen.

Denn Pflanzen wie der seltene Milzfarn, das Gewöhnliche Sonnenröschen oder die Heidenelken brauchen schnell erwärmte Felsen als Wuchsort. Nichtsdestoweniger können die Kalkbuchenwälder des Tals mit so imposanten Pflanzen wie dem köstlich duftenden Seidelbast und der heilkräftigen Grünen Nieswurz aufwarten. Ja, an einer Stelle des Naturschutzgebiets konnte sich sogar ein Schluchtwald halten, der selbst im Mittelgebirge zu den Raritäten gehört, aber hier, gerade einmal 100 m über dem Meeresspiegel, fast schon eine botanische Sensation ist.

Bliebe noch das Flüßchen, die Düssel. Sie hat entschieden lauschige Partien, mag es mit der Wasserqualität auch nicht überall zum besten stehen. Und mit einigem Glück läßt sich hier sogar der Eisvogel beobachten oder doch wenigstens das Aufblitzen seines unglaublich blauen Gefieders erhaschen.

Linke Seite: Bauernhof im Stindertal bei Neu-Buschhoven
Oben: Forsthaus Morp in Erkrath
Unten: Heidenelke

ROUTE 14

1. Ausflugsziel Schwarzbachtal
2. Neandertal (s. S. 61): NSG und Fundort des ›homo sapiens neandertalensis‹, Museum in Bau
3. Unterbacher Seen (s. S. 57)
4. Abstecher Düsseldorf-Gerresheim: Ehem. Damenstiftskirche, eines der bedeutendsten spätromanischen Gotteshäuser des Rhein-Maas-Raums, überlebensgroßer Kruzifixus um 980

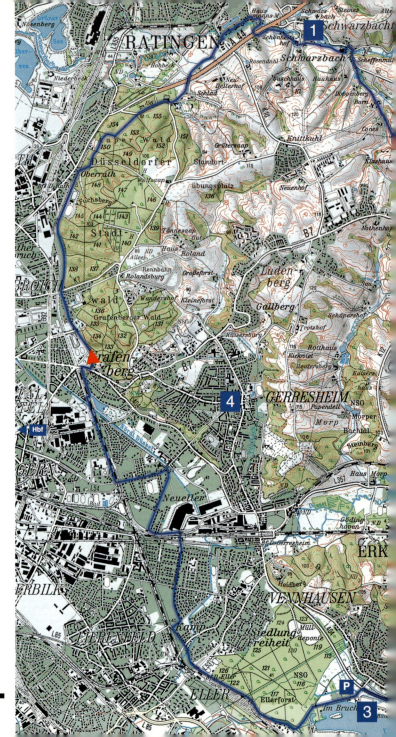

1 km
1 : 50 000

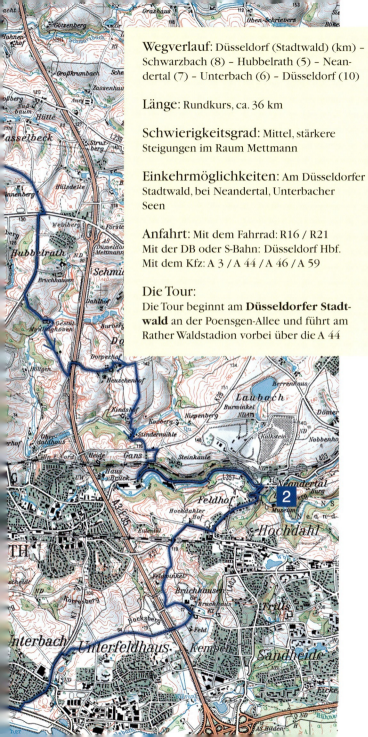

Wegverlauf: Düsseldorf (Stadtwald) (km) – Schwarzbach (8) – Hubbelrath (5) – Neandertal (7) – Unterbach (6) – Düsseldorf (10)

Länge: Rundkurs, ca. 36 km

Schwierigkeitsgrad: Mittel, stärkere Steigungen im Raum Mettmann

Einkehrmöglichkeiten: Am Düsseldorfer Stadtwald, bei Neandertal, Unterbacher Seen

Anfahrt: Mit dem Fahrrad: R16 / R21
Mit der DB oder S-Bahn: Düsseldorf Hbf.
Mit dem Kfz: A 3 / A 44 / A 46 / A 59

Die Tour:
Die Tour beginnt am **Düsseldorfer Stadtwald** an der Poensgen-Allee und führt am Rather Waldstadion vorbei über die A 44 Richtung Ratingen. Auf dem Lohofweg überquert man die Neanderstraße, fährt an der Abzweigung rechts, unter der Autobahn hindurch geht es über die Liethenburg, Kleinkauhaus- und Kauhausweg in das **Schwarzbachtal**. Man folgt ein Stück der Mettmanner Straße, biegt dann nach rechts Richtung Doppenberg und Winnenberg ab. Hier die Bergische Landstraße (B 7) kreuzen, und weiter geradeaus auf der Erkrather Landstraße (K 12) bis zur Abzweigung nach links zum Gestüt Mydlinghoven. Dem Weg über den Heuschenhof, Dorperhof und hinab zum Kindshof folgend, stößt man an der Stindermühle auf die K 26, auf der man zur Mettmanner Straße fährt. Hier nach links Richtung **Neandertal**, vom Neandertal auf der Hauptstraße in Richtung Hochdahl. Vor Hochdahl rechts ab auf die Hochdahler Straße, hinter der Bahnüberführung links, auf dem Bruchhauser Weg weiter bis zum Ankerweg. Hier folgt man rechts dem Weg bis zur Erkrather Straße (K 7), biegt nach links ab und fährt an der nächsten Kreuzung geradeaus in die Vennstraße. Am Großen Torfbruch links und auf dem Radweg neben der Rothenbergstraße nach rechts an den **Unterbacher Seen** vorbei bis zum Parkplatz. Hier links auf den Kleinen Torfbruch und dann rechts weiter auf der Straße Am Kleinforst. Die Vennhauser Allee kreuzen, über Ellerkamp, rechts Reichenbacher Weg, links Neusalzer Weg und Grubenstraße bis zur Bahnunterführung. Dahinter links in den Zamenhofweg, dann rechts, auf der Bertastraße bis zur Dreher Straße. Hier links, an der Kirche vorbei und weiter durch die Bahnunterführung. Dahinter rechts auf den Heinzelmännchenweg bis über die Düssel. Von hier aus geht es rechts über die S-Bahn und links durch die Wittelsbachstraße zum Staufenplatz. Damit ist man wieder im **Düsseldorfer Stadtwald**. – Geradeaus, auf der Ludenberger Straße und dann rechts auf der Benderstraße, geht es nach **Gerresheim** zur Damenstiftskirche.

Info: Touristikinformation Düsseldorf, Mühlenstr. 29, 40200 Düsseldorf,

Leverkusener Flußpartien

Eine Art Seelenlandschaft

Auf diesem Weg um und durch Leverkusen geht es über Dünnwald in den Bürgerbusch, dann an Dhünn, Rhein und Wupper entlang.

Selbstverständlich heben sich erst einmal viele Augenbrauen, wenn eine Radtour um Leverkusen vorgeschlagen wird. Dabei geht es zunächst doch nur in den Nordosten, wo – teils noch auf Kölner Stadtgebiet – das Dünnwalder Wäldchen mit Busch und Baum lockt. Und das hat trotz der gängigen Bezeichnung Wäldchen einige durchaus respektable Gehölze zu bieten. Nicht zuletzt ihnen ist es zu verdanken, daß sich hier noch Tiere halten können, die aus der näheren Umgebung längst verschwunden sind.

Ein willkommener Abstecher dürfte der Skulpturenpark von Schloß Morsbroich sein, wo eine teils stimmungsvoll verwilderte Anlage teils sehr artifizielle Bildwerke aufgenommen hat. Auch im Schloß selbst wird zeitgenössische Kunst gezeigt. Das 1774 errichtete (und gut 100 Jahre später um zwei Fensterachsen sowie die Flügelbauten erweiterte) Herrenhaus zählt allerdings zum Spätbarock.

Gleich hinter dem Museum Morsbroich durchfahren wir den Bürgerbusch, der seine gut 300 ha gegen die andrängende Bebauung hat behaupten können. Der winzige Erlenbruch am Ortsrand von Opladen und die Bachaue bei Schlebusch sind sogar als Naturschutzgebiete ausgewiesen. Tatsächlich schlängelt sich der Bürgerbuschbach sehr anmutig durch den Wald – dennoch leidet dieser Wald unter seiner Stadtnähe. Zu viele Wege durchziehen das Gebiet, so mancher Sperrmüllhaufen beeinträchtigt den Blick für die Natur.

Doch sei's drum, der Bürgerbusch verdient ohne Frage den Einsatz der Naturschützer. Denn es geht ja nicht nur um Sumpf-Lappenfarn, Sumpf-Veilchen und Kleines Helmkraut, nicht nur um Erdkröte und Grasfrosch – eben die botanischen und zoologischen Highlights –, sondern ums aktive Grün am Rand der Stadt Leverkusen, als deren Zentrum das Kartenbild ein Autobahnkreuz ausweist.

Den Abschluß unserer Tour aber bildet eine Partie, die mit Fug und Recht als Glanzlicht der Leverkusener Stadtlandschaft gepriesen wird. Auf privilegierten Wegen fährt der Radwanderer gleich an drei mehr oder weniger großen Wasserläufen entlang, an Rhein, Wupper und Dhünn. Und tatsächlich fährt er durch Flußauen, und womöglich weidet auf den Dhünnwiesen sogar eine Schafherde.

Trotzdem hat diese Passage etwas Bizzares, vielleicht sogar Gespenstisches. Da sind ja nicht allein der ständige Motorenlärm im Hintergrund oder die allgegenwärtigen Insignien eines Chemiestandorts, da ist nicht nur das lästige Wissen um einen »Deponiekörper von ungeheurer Toxizität« in der Dhünnaue. Vielmehr fällt auf Schritt und Tritt ins Auge, wie sehr die Natur hier nur geduldet wird und nicht mehr Herr ihrer selbst ist. Die Wuppermündung ist künstlich geschaffen, außerdem fügen sich Wupper und Dhünn dem Diktat eines nach allen Regeln der wasserbaulichen Kunst angelegten Flußbetts.

Selbst die herbstlich-bunten Gebüschkulissen an den Auesäumen können nicht von ihrer Zweckmäßigkeit ablenken: Sie sind vor allem dazu da, das städtische Konglomerat den Blicken zu entziehen, sie sollen über den eigentlichen Aufenthaltsort hinwegtäuschen. Gerade deshalb aber sind die ›Leverkusener Flußlandschaften‹ auch eine Seelenlandschaft, ein Sinnbild für unser Naturverhältnis, wie es genauer und darum schaurig-schöner kaum erdacht werden kann.

Linke Seite: Bach im Bürgerbusch
Oben: Schloß Morsbroich
Unten: Laubfrosch

ROUTE 15

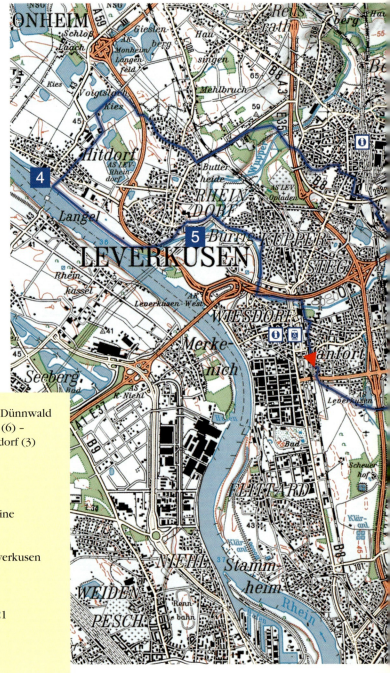

1. Köln-Dünnwald: Kath. Rektorats-Pfarrkirche St. Nikolaus mit romanischem Kern

2. Diepeschrather Mühle und Wildpark (Schwarz-, Dam- und Muffelwild)

3. Leverkusen-Schlebusch: Museum Schloß Morsbroich (s. S. 65) mit Schwerpunkt moderne Kunst nach 1945 und Skulpturenpark, Di 11-21, Mi-So 11-17 Uhr

4. Leverkusen-Hitdorf: Ausblick auf die gegenüberliegende Rheinseite mit malerisch gelegener, spätromanischer kath. Pfarrkirche St. Amandus (Köln-Rheinkassel)

5. Wupperaue und Dhünnaue (s. S. 65)

Wegverlauf: Leverkusen (km) – Dünnwald (6) – Katterbach (5) – Schlebusch (6) – Opladen (6) – Hitdorf (9) – Rheindorf (3) – Leverkusen (5)

Länge: Rundkurs ca. 40 km

Schwierigkeitsgrad: Leicht, keine nennenswerten Steigungen

Einkehrmöglichkeiten: In Leverkusen und entlang der Route

Anfahrt:
Mit dem Fahrrad: R 18 / R 19 / R 21
Mit der S-Bahn: Leverkusen-Mitte
Mit dem Kfz: A 1 / A 3 / A 59

Die Tour:

Die Tour startet am S-Bahnhof **Leverkusen-Mitte** und führt neben der Bahnanlage hinunter in Richtung Bayerwerke. Vor dem Autobahnzubringer geht es links ab, dann quert man den Zubringer und fährt nach links in Richtung Flugplatz. Weiter geht es über die A 3 und hinter den Gleisen nach rechts bis zum Friedhof. Hier rechts, dann links und weiter am Friedhof vorbei auf die Hauptstraße. Auf dieser biegt man links ab, vor den Gleisen rechts, dann die nächste Straße links und fährt nun immer geradeaus durch den Dünnwalder Wald. Rechts befindet sich die **Diepeschrather Mühle**. Die Tour führt weiter nach links in Richtung Katterbach. Nach 500 m rechts auf den kleinen Weg abbiegen und weiter bis zur L 288. Auf der L 288 fährt man durch Katterbach,

1 km
1:75 000

kreuzt die L 101 und folgt dem Wegverlauf durch den Ort am Waldrand entlang. Man quert die Bensberger Straße und fährt weiter geradeaus durch die Siedlung; am Straßenende nach links in Richtung Hummelsheim. Bei Hummelsheim links ab, hinter der Brücke rechts und dem Lauf der Dhünn über die Wege Am Schlag, Hammerweg, Von-Diergardt-Straße und Auerweg folgend, erreicht man **Schloß Morsbroich** mit dem angegliederten Museum. Am Ortsrand von Alkenrath entlang geht es auf der Kastanienallee am Bürgerbusch entlang. An der Kapelle vorbei gelangt man weiter auf den Grünen Weg bis zur Querstraße. Hier links durch den Bürgerbusch und nach Überquerung der A 1 wieder links abbiegen, weiter zur Schlebuscher Straße. Hier führt der Weg nach rechts, dann werden links die Gleise passiert. Jetzt fährt man rechts in die Robert-Koch-Straße, links in die Neustadtstraße, geradeaus über die Volhardstraße, rechts in die H.-Schlehahn-Straße, hinter der Schule links und folgt nun der Menchendahler Straße und dem Friesenweg. Weiter geht es unter der A 3 hindurch, nächste rechts, dann über die Wupper und nach links auf die Solinger Straße (L 291). Am Ortsanfang von Rheindorf wird rechts abgebogen, und weiter geht es durch das Wohngebiet von Rheindorf. Nach der Überquerung der A 59 gelangt man links zwischen den Kiesgruben hindurch zur Rheinfähre nach **Hitdorf**. Nach einem kurzen Stück entlang dem Rheinuferweg führt die Route nach links auf Fuß- und Radwegen die **Wupper** aufwärts bis zur **Dhünnmündung** und von hier an der Dhünn entlang durch die verbauten Reste einer ehemaligen Auenlandschaft. Hinter den Gleisen gelangt man rechts abbiegend wieder an den Ausgangspunkt der Tour – **Leverkusen-Mitte**.

Info: Rathaus in Lev.-Wiesdorf, Friedrich-Ebert-Platz 1,
51373 Leverkusen, Tel.: 02 14/4 06-10 20/21;
Information Goetheplatz, Goetheplatz 4,
51379 Leverkusen, Tel.: 02 14/4 06-10 26

Um Bergisch Gladbach

Der Bäche Gewerbe

Über bergische Höhen führt die Tour nach Burg Zweiffel im Strundetal, dann nach Paffrath und durch die Schluchter Heide, um im Königsforst ihren Abschluß zu finden.

Auch aus den Mühlentälern schallt es längst nicht mehr so heraus, wie die Romantiker in sie hineingerufen haben. »Es klappert die Mühle am rauschenden Bach, klipp-klapp« – solche traulichen Laute haben die Mühlen an der Strunde ohnehin nie ausgezeichnet. Ob Hammer- oder Schleifmühle, Tuchwalk- oder Lederwalkmühle, ob Tabak-, Öl-, Gips- oder gar Pulvermühle, alle diese Betriebe verursachten im engen Bachtal einen Höllenlärm, und selten folgten sie derart dicht aufeinander wie an der Strunde ...

Hinter Bergisch Gladbach bedient sich eine ziemlich befahrene Straße gewissenlos der Strundeaue, um zunächst nach Herrenstrunden und von dort aus auf die Höhen des Bergischen Lands zu führen. Der Radfahrer aber hat ein Privileg genossen, ist von Herkenrath durch das überaus lauschige Asselborner Bachtal auf die Strunde gestoßen. Leider läßt er so die Alte Dombach, als ehemalige Papiermühle heute eine Dependance des Rheinischen Industriemuseums, links liegen. Dafür aber hat die Route eine bergische Idylle sondergleichen eröffnet, auf der man nur für kurze Zeit in Kontakt mit dem Straßenverkehr kommt.

Mit der Burg Zweiffel, der etwas weiter nördlich gelegenen ehemaligen Johanniterkomturei und deren Gotteshaus kommt auch die Kultur zu ihrem Recht. Freilich zeigen alle drei Bauten nicht mehr ihr ursprüngliches Erscheinungsbild. Noch den geringsten Tribut hat die Burg den nachfolgenden Zeitgeistern zollen müssen. Nur der markante Eckturm des mittelalterlichen Gemäuers wurde im Barock nach den Maßgaben der Epoche verändert.

Gleich geht es wieder auf verschwiegenerem Weg den Gegenhang hinauf. Soweit die sachte Steigung durch Buchenwald führt, begleiten uns schon im zeitigen Frühjahr das auftrumpfende Gelb des Scharbockskrauts und das zarte Weiß des Busch-Windröschens. Und zuweilen haben sich eben auch die frischen Triebe des Waldmeisters durch das vorjährige Laub geschoben. Das Maibowlenkraut ist hier dem Wonnemonat um etliche Wochen voraus.

Daß selbst durch kleine bergische Täler nicht zwingend ein Bach rauschen muß, lehrt die Schlade. Ein Blick auf die geologische Karte erklärt, warum: Die Schlade gehört zur Paffrather Mulde, der Untergrund besteht hier aus klüftigem Kalkstein, der keinen Quellaustritt zuläßt. Immerhin erlauben zwei stillgelegte Brüche die nähere Bekanntschaft mit den ziemlich fossilreichen Schichten. Sie bewahren das erdgeschichtliche Abbild einer völlig anderen Landschaft als der heutigen, nämlich des Küstenbereichs eines flachen, tropisch warmen Meeres. Die Aufschlüsse seines etwa 350 Millionen Jahre alten Korallenriffs liegen heute in einem Naturschutzgebiet. Anderorts im Bergischen Land stehen sie bereits auf der Verlustliste.

Nun führt unsere Route zwar großenteils durchs Mittelgebirge, aber sie beginnt und endet doch in der Kölner Bucht, genauer im Königsforst. Wie der Kottenforst (s. S. 113) gehörte er – und hier sagt es schon der Name – ursprünglich dem König, später teilten sich geistliche und weltliche Herren seinen Besitz. Nur helfen solche pflichtschuldigen Reminiszenzen einem Forst auch nicht weiter, durch den eigens ein Waldschäden-Pfad führt. Aber einstweilen freuen wir uns an seinen Eichenbeständen oder an den vielen kleinen Bächen, solange sie hier noch fließen!

Linke Seite: Bach im Strundetal
Oben: Burg Zweiffel
Unten: Waldmeister

1 Herrenstrunden: Die Burg Zweiffel mit der heutigen Pfarrkirche St. Johann Baptist (s. S. 69), etwas weiter strundeaufwärts die ehemalige Johanniterkomturei

2 NSG Schlade (s. S. 69)

3 Ausblick auf die Kölner Bucht, Siebengebirge und Teile des Bergischen Landes

4 Paffrather Mühle

5 Paffrath: Kath. Pfarrkirche St. Klemens mit Teilen der romanischen Basilika um 1150

6 Refrath: Alte kath. Pfarrkirche, romanisches, später verändertes Gotteshaus

7 Königsforst (s. S. 69)

Wegverlauf: Bergisch Gladbach-Meisheide (km) – Herkenrath (4) – Romaney (3) – Voiswinkel (4) – Paffrath (4) – Refrath (8) – Bethanien (3) – Bergisch Gladbach-Meisheide (7)

Länge: Rundkurs, ca. 33 km

Schwierigkeitsgrad: Mittel, Steigungen bei Romaney und im Königsforst

Einkehrmöglichkeiten: Großes Angebot entlang der Tour

Anfahrt: Mit dem Fahrrad: R 20 / R 21
Mit der DB oder S-Bahn: Bergisch Gladbach-Meisheide
Mit dem Kfz: A 3 / A 4

Die Tour:
Die Tour startet in **Bergisch Gladbach-Meisheide** am Parkplatz an der Friedrich-

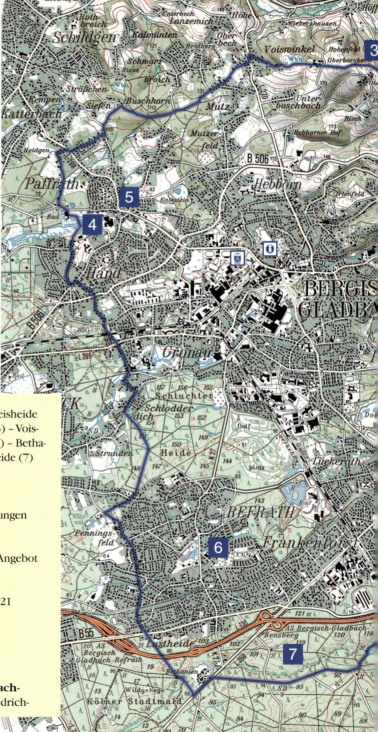

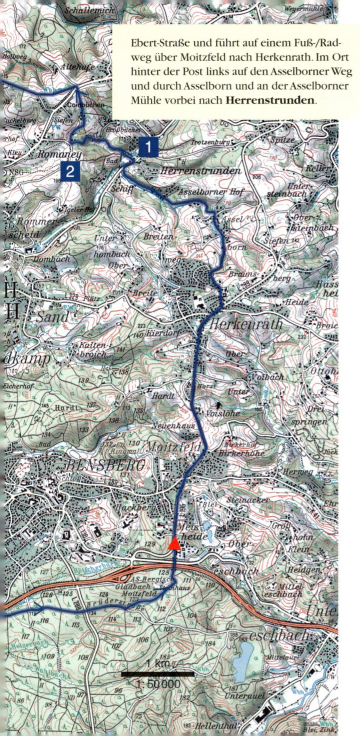

Ebert-Straße und führt auf einem Fuß-/Radweg über Moitzfeld nach Herkenrath. Im Ort hinter der Post links auf den Asselborner Weg und durch Asselborn und an der Asselborner Mühle vorbei nach **Herrenstrunden**.

An der Burg Zweiffel – geradeaus weiter lohnt ein Abstecher zur Johanniterkomturei – links auf den Bücheler Weg abbiegen, dann dem Straßenverlauf folgen und auf der Höhe rechts abfahren (linker Hand **NSG Schlade**) über Combüchen bis zur Alten Wipperfürther Straße (B 506). Man passiert die Bundesstraße, biegt nach links ab in die Oberborsbacher Straße und fährt zunächst ansteigend, dann mit zunehmendem Gefälle über Borsbach nach Voiswinkel. An der Odenthaler Straße (L 270) angekommen links und gleich wieder rechts auf die St.-Engelbert-Straße. Dem Straßenverlauf durch den Wald folgen und am Waldrand bei Buschhorn links auf den Hufer Weg, dann links in den Weidenbuscher Weg. Die Kempener Straße (L 288) nach rechts in die Straße Torringen kreuzen und dann links über den Herkenfelder Weg zur **Paffrather Mühle**. An der Tennishalle rechts in die Straße Kamperfeld abbiegen, dann links und weiter über die Mühlen- bis zur Dellbrücker Straße (B 506). Hier links und dann nach rechts auf die Straße Im Grafeld. Jetzt geht es immer geradeaus über den Duckterather und Schlodderdicher Weg zur Gierather Straße, in die man rechts einbiegt. Von dieser geht es links ab in die Schluchter Heide. Man kreuzt die Refrather Straße bzw. den Strunder Weg, und stößt am Ortsrand von **Refrath** auf die Hasselstraße. Hier rechts, geradeaus weiter auf die Alte Marktstraße, und dann links abbiegen. Jetzt fährt man geradeaus auf dem Beningsfeld und In der Auen durch Refrath. Nachdem man die B 55 gekreuzt und die A 4 unterquert hat, geht es weiter auf dem Flehebachmühlenweg zur Lützerather Straße (L 358). Man biegt hier links ab auf den Radweg und gegenüber dem Kinderheim Bethanien nach rechts auf den Klasheider Weg. Die Tour folgt dem Wegverlauf des Radfernweges R 20 durch den **Königsforst**. Nach Überquerung der L 288 geht es nach wenigen 100 m links bergan auf dem Sandweg zum Forsthaus. Man kreuzt nun A 4 und B 55 und gelangt so zurück zum Ausgangspunkt in **Meisheide**.

Info: Stadtverwaltung Bergisch Gladbach, Presseabteilung,
Konrad-Adenauer-Platz, 51465 Bergisch Gladbach,
Tel.: 0 22 02/14 22 41, Fax: 0 22 02/14 23 00

Gummersbach und Umgebung

Mittelpunkte – geistlich und weltlich

Die Tour, auf der es einige Steigungen zu überwinden gilt, startet in Gummersbach und führt über Müllenbach nach Marienheide. Auf dem Rückweg liegt Schloß Gimborn eingebettet im Waldtal der oberen Leppe.

Am Anfang steht eine Legende: Der Klausner Heinrich lebte in seiner Höhle im Wald, gebührend fern von seinen Mitmenschen, die oft genug den lieben Gott einen guten Mann und in Glaubensdingen gern mal fünfe grade sein ließen. So einer hat noch Träume wie den vom Marienbild zu Köln. Und der macht sich dann auch auf den weiten Weg in die geschäftige Stadt und dort auf die Suche. Und findet tatsächlich das Ebenbild des Traumgesichts, wenngleich erst ganz zuletzt und schon der Verzweiflung nahe.

Marienheide. Das hiesige Dominikanerkloster, 1421 gegründet, wuchs um das wundertätige Marienbild aus der Legende. In seiner Kirche Mariä Heimsuchung setzt noch heute der Mönchschor einen besonderen Akzent: Der barocke Hochaltar prunkt mit einem virtuos geschnitzten Rahmenwerk aus Blättern der mediterranen Akanthus-Distel, und noch höher ist die Arbeit des unbekannten Meisters einzuschätzen, der um 1520 das Chorgestühl schuf.

Noch vor Marienheide liegt Müllenbach mit seiner evangelischen Pfarrkirche und seinem historischen Bauernhaus Dahl am Weg. Beide gehören zu den eher unauffälligen Baudenkmälern, aber das tut ihrer Bedeutung keinen Abbruch. Das Müllenborner Gotteshaus ist ein wichtiges Zeugnis romanischer Architektur im Oberbergischen, auch wenn es um 1470 ein neues Querschiff und den Rechteckchor erhielt. Die Bauformen der Ende des 12. Jh. errichteten Basilika weisen übrigens nicht ins Rheinland, sondern nach Westfalen, dessen Grenze ja nahe ist.

Westfälische Einflüsse zeigt gleichfalls das unterhalb von Müllenbach gelegene Haus Dahl. Es ist eines der ganz raren frühen Zeugnisse bäuerlichen Wohnens, wie sie sonst nur noch in Freilichtmuseen zu finden sind. Gut 400 Jahre steht dieses Längsdielenhaus, dessen Fachwerkwände einem Bruchsteinsockel aufruhen, an seinem Platz. Innen beherrscht die zweigeschossige Halle mit der Herdstelle den Raum, zu ihren Seiten mußten die Wohn- und Schlafkammern ebenso wie die Stallungen Platz finden.

Nur aus Schriftquellen und archäologischen Untersuchungen geht hervor, daß Müllenborn früher durchaus ein territoriales Zentrum war. Dagegen zeugt in Gimborn noch heute das Schloß von der einstigen Bedeutung. Das Herrenhaus des Jahres 1602 stammt sogar aus der Zeit, als Gimborn noch nicht Zentrum der reichsunmittelbaren Herrschaft Gimborn-Neustadt war. Dieses Ländchen entstand erst 1631 mitten im neugewonnenen Territorium der brandenburgischen Kurfürsten.

Nun hat auf Schloß Gimborn zwar eine Polizeiakademie ihren Sitz, aber das ist natürlich kein Ersatz vergangener Reichsunmittelbarkeit. Gummersbach hingegen hat an Bedeutung ständig gewonnen. Heute Kreisstadt, zu deren Ämtern die Einwohner oft lange Wege zurücklegen müssen, läßt die evangelische Kirche und ihre nächste Umgebung noch etwas von der einstigen Beschaulichkeit ahnen. Immerhin verfügt Gummersbach über einen Bahnanschluß, erlaubt also eine umweltfreundliche Anfahrt sowie die zügige Kontaktaufnahme mit den Schönheiten der oberbergischen Landschaft. Und schon wegen der allgegenwärtigen Gefahr von Streckenstillegungen liegt uns nichts ferner, als an Gummersbach herumzumäkeln.

Linke Seite: Fachwerkhaus in Marienheide-Dahl
oben: Schloß Gimborn

Wegverlauf: Gummersbach (km) - Becke (4) - Dahl (3) - Marienheide (5) - Gimborn (6) - Hülsenbusch (7) - Gummersbach (6)

Länge: Rundkurs, ca. 31 km

Schwierigkeitsgrad: Schwer, mehrere stärkere Steigungen im Tourenverlauf

Einkehrmöglichkeiten: In Gummersbach, Marienheide, Gimborn, Oberleppe, Berghausen und Hülsenbusch

Anfahrt:
Mit dem Fahrrad: auf klassifizierten Straßen
Mit der DB: Gummersbach
Mit dem Kfz: A 4 / A 45

Die Tour:
Die Tour startet am **Gummersbacher Bahnhof** und führt auf der Hauptstraße durch das Zentrum in südöstlicher Richtung durch die Stadt. Auf dem Radweg geht es weiter nach Becke. In Becke biegt man links ab, an den Steinbrüchen dann rechts in Richtung **Dahl** und **Müllenbach**. Von hier geradeaus, quert man später die L 306 und fährt weiter zur **Brucher Talsperre**. Die Tour führt an der Talsperre und den Campingplätzen vorbei, danach links und immer geradeaus nach **Marienheide**. In Marienheide passiert man den Sportplatz in Richtung Kempershöhe und biegt an der nächsten Querstraße links ab. Die Tour folgt dem weiteren Straßenverlauf über Siemerkusen und bergab durch Boinghausen nach **Gimborn**. In Gimborn an der Kreuzung geht es nach links in Richtung Engelskirchen. Die Tour führt weiter zur Kreuzung im Leppetal. Man hält sich rechts und fährt entlang der Leppe in Richtung Kaiserau. In Oberleppe links abbiegen und steil bergauf nach Berghausen, geradeaus weiter und hinab nach Nochen. Nachdem man links auf die Hauptstraße abgebogen ist, fährt man in Niedergelpe nach rechts auf die Straße In der Hülsbach. Dieser folgt man bis hinauf nach Hülsenbusch, an der Kirche rechts vorbei, weiter rechts halten und hinter dem Friedhof links. Auf der Höhe von Lützinghausen nach links auf die L 323 abbiegen. An dem alten Blei- und Zinkbergwerk vorbei führt die Tour wieder zurück nach **Gummersbach**.

Info: Verkehrsamt der Stadt Gummersbach,
Rathausplatz, 51643 Gummersbach,
Tel.: 02261/8758 (870), Fax: 02261/86700

1 Marienheide: Bauernhaus ›Dahl‹ (s. S. 73), 15.2.-15.11. Di 9-12, Sa 14-18 Uhr

2 Marienheide-Müllenbach: Ev. Kirche, romanische Pfeilerbasilika (s. S. 73), erweitert um 1470

3 Brucher Talsperre

4 Marienheide: Kath. Pfarrkirche St. Mariä Heimsuchung (s. S. 73) mit Chorgestühl (um 1520) und barockem Hochaltar

5 Schloß Gimborn (s. S. 73): Herrenhaus von 1602

6 Gummersbach: Ev. Kirche, romanische Pfeilerbasilika (um 1150), im 15. Jh. erweitert, interessante Ausstattung; Ehemaliges Vogteihaus, Bruchsteinbau um 1700

1 km
1:75 000

Im Wuppertaler Südosten

Bergische Schönheiten

Der Wuppertaler Südosten ist eine Entdeckung, für die sich selbst eine weitere Anfahrt lohnt. Die ehemalige Freiheit Beyenburg ist sogar eine bergische Idylle ersten Ranges. Aber in Dahlerau und Dahlhausen sieht sich der Radfahrer auch mit äußerst eindrucksvollen Zeugnissen der industriellen Vergangenheit konfrontiert.

Wir wollen nicht erneut mit der Belehrung lästig fallen, das Bergische Land verdanke seinen Namen nicht den Erhebungen, sondern den Grafen von Berg. Was diese Tour angeht, muß im Gegenteil daran erinnert werden, daß das Bergische Land auch ein bergiges Land ist. Aber die schönen Aussichten lohnen den Aufstieg. Der weite Blick ins Land fehlt hier ebensowenig wie der waldumstellte in sanft geschwungene Wiesentäler oder der auf den bizarr gewundenen Lauf der Wupper.

Die markante Wupper-Doppelschleife zwischen Dahlhausen und Dahlerau wäre anderwärts vielleicht ein herbschönes Naturdenkmal, statt dessen präsentiert sich ›eines der bedeutendsten Ensembles der Textilindustrie in Deutschland‹. Vor allem in Dahlerau reihen sich die Arbeiterwohnhäuser auf ihren hohen Bruchsteinsockeln entlang der Talenge, in der Wupperstraße 23/25 haben sich an der Gebäuderückseite sogar die schmalen Toilettenanbauten erhalten. Übrigens zählen die Fachwerkhäuser dieser Straße (Nr. 11-25) zu den ältesten ihrer Bestimmung im Rheinland, wohl deshalb schließen sie noch deutlich an regionale Bauformen und -weisen an.

Die wenig jüngeren, mehrgeschossigen Backsteinhäuser der Wülfingstraße zeigen, wohin sich der Arbeiterwohnungsbau entwickelte. Schon vom Erscheinungsbild her legen Komplexe wie diese den Gedanken an Soldatenunterkünfte nahe, der eingebürgerte Begriff ›Kasernensystem‹ trifft also die Sache. Angenehmer fällt die Tuchfabrik Dahlerau ins Auge. Die klassizistische Gemessenheit dieses vierstöckigen Baus von 1836-40 (1872 um sieben Fensterachsen verlängert) sticht wohltuend vom Neo-Renaissance-Imponiergehabe ab, wie es später bei der Fabrikarchitektur Usus werden sollte.

Im Gebäudekomplex der Tuchfabrik Vogelsang blieb sogar die ehemalige Färberei (errichtet 1821-28) teilweise erhalten. Sie lag selbstverständlich direkt am Fluß. Heute sind die Wupper und ihre Fische wieder ein Thema; am Staubecken unterhalb von Beyenburg gibt es sogar einen Fischelehrpfad. Selbst die Wasseramsel - zuweilen kann man sie von der Brücke nahe der Beyenburger Furt beobachten - zeigt hier zuweilen wieder ihren strahlend weißen Brustlatz.

Nun stören beim Erspähen von Fischen nichts mehr als die Spiegelungen an der Wasseroberfläche. Aber der Wasserspiegel des Stausees verdoppelt eben auch ein Motiv, das der zweifachen Präsentation wert ist: die alte Freiheit Beyenburg. Sie ist ein beinah triumphales Entree zum oberen Lauf der Wupper, ihren Bergsporn hat der Fluß in eine ganz enge Schleife genommen.

Dabei ist es nicht einmal eine Burg, die hier zuoberst auf dem Felsen thront, sondern eine Kirche. Und nicht einmal über einen Turm verfügt dieses Gotteshaus, der statt eines Bergfrieds in die Lüfte ragen könnte. Dennoch gibt es der landschaftlichen Szenerie einen genauen Akzent, bildet den glanzvollen Schlußpunkt über den bergischen Fassaden der einstigen Minderstadt. Beyenburg erscheint als Glücksfall einer Ansiedlung, die eine Gegend erst als Landschaft kenntlich macht.

Linke Seite: Wupperpromenade in Beyenburg
Oben: Wuppertaler Schwebebahn
Unten: Landwirtschaft im Bergischen Land

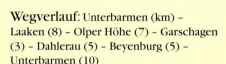

Wegverlauf: Unterbarmen (km) – Laaken (8) – Olper Höhe (7) – Garschagen (3) – Dahlerau (5) – Beyenburg (5) – Unterbarmen (10)

Länge: Rundkurs, ca. 38 km

Schwierigkeitsgrad: Mittel, stärkere Steigungs- und Gefällstrecken zwischen Laaken und Wilhelmstal

Einkehrmöglichkeiten: In Wuppertal, bei der Hastberger Mühle, bei Olper Höhe, in Dahlerau und in Beyenburg

Anfahrt:
Mit dem Fahrrad: auf klassifizierten Straßen
Mit der S-Bahn: Wuppertal-Unterbarmen
Mit dem Kfz: A 1 / A 46

Die Tour:
Die Tour startet in **Unterbarmen** vor der Hauptkirche und verläuft neben der Gleisanlage auf der Wittensteinstraße in Richtung Barmen. An der Kreuzung hinter dem S-Bahnhof W.-Barmen geradeaus und auf der Straße Am Cleef weiter in Richtung Langerfeld. Vor Überquerung der Wupper rechts halten und weiter entlang der Wupper auf der Lenneper Straße und Eschensiepen nach Laaken. Hier beginnt der stark hügelige Tourenabschnitt. Hinter Laaken rechts ab – in den Laaker Hammer – dann in den Marscheider Wald und immer am Bach entlang bis Kleinbeck. Geradeaus weiter, nach der Unterquerung der A 1 zweimal links und nach ihrer Überquerung links ab auf die Herbringhauser Straße zur Hastberger Mühle. Vor Herbringhausen am Parkplatz rechts, hinauf zur Olper Höhe und über Mittel-, Ober- und Untergarschagen weiter nach Lusebusch. Hier kreuzt man die L 411 und fährt die Straße geradeaus über Halle hinab nach **Wilhelmstal**. Von hier folgt man dem Tal der Wupper zunächst auf dem Hauptwanderweg X 7 via **Dahlhausen** bis **Dahlerau**. In Dahlerau die Wupper überqueren und anschließend auf der L 414 nach Mühlenfeld. Nachdem man erneut die Wupper passiert hat, geht es weiter auf der Straße Vor der Hardt, an Hengsten vorbei, nach **Beyenburg**. Die Tour führt jetzt immer an der Wupper entlang zurück nach Laaken und – wie auf dem Hinweg – zurück nach **Unterbarmen**.

Info: Informations-Zentrum, 42103 Pavillon Döppersberg, Tel.: 0202/563-2270, -2180 u. -2185

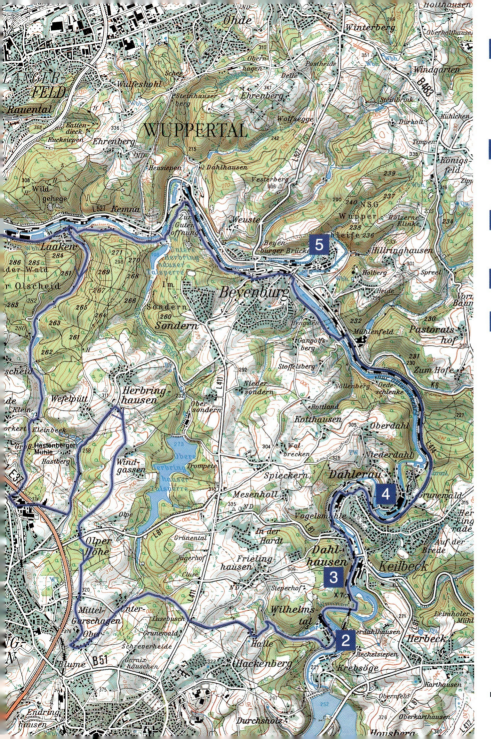

1 Wuppertal-Unterbarmen: Ev. Hauptkirche, nach Plänen von Heinrich Hübsch 1828-32 im Stil italienischer Vor- und Frührenaissance erbaut, mit Rückgriffen auf die Romanik

2 Wilhelmstal: Start der Museumsbahn nach Beyenburg (an Wochenenden und Feiertagen)

3 Dahlhausen: Ehemalige Tuchfabrik mit Bauteilen aus der Zeit um 1830

4 Dahlerau: Ensemble früher Industriearchitektur (s. S. 77)

5 Beyenburg: Freiheit mit ehemaligen Kreuzbrüder-Klosterkirche (s. S. 77)

1 km
1 : 50 000

Zwischen Wupper und Bever

Städtchen und Weiler

Zwischen Hückeswagen und Radevormwald führt der Weg an zwei Talsperren vorbei: auf dem Hinweg an der Wupper-, auf dem Rückweg an der Bevertalsperre.

Jemandem nachzurufen, er sei über die Wupper gegangen, zeugt nun wirklich nicht von Zartgefühl. Früher zumindest waren die Wupperübergänge ebenso lebenswichtig und deshalb schützenswert wie die anderer Flüsse auch. Hückeswagen beispielsweise verdankt einem solchen Übergang die Burg und sicher gutenteils auch die städtische Entwicklung.

Aber bleiben wir zunächst bei Hückeswagen. Im Unterschied zu manchen anderen hat dieses Städtchen sein historisches Erscheinungsbild (weitgehend) bewahren können. Das schuldet es nicht zuletzt dem Landesprogramm »Historische Stadtkerne in Nordrhein-Westfalen«. Das Geld reichte sogar, um einem Betonklotz von Parkhaus eine (pseudo)bergische Fassade zu gönnen. Die einstige Freiheit mit ihren verschieferten Bürgerhäusern zieht sich die Berglehne hinauf, oben krönt das imposante Bruchsteinensemble aus Pauluskirche und Schloß (heute Stadtverwaltung) ein imposantes Stadtbild.

Auch der Stadtkern von Radevormwald zeichnet sich durch eine privilegierte Lage und (die einigermaßen) erhaltene historische Bausubstanz aus. Er behauptet kühn das freie Plateau, die Häuserzeilen aus verschiefertem Fachwerk entstanden allerdings erst nach dem Stadtbrand von 1802. Eine solche Einheitlichkeit des Ortsbilds hat meist den Preis, daß Architekturzeugen früherer Zeiten fehlen. Deshalb macht er sich besonders hübsch, der kecke Pavillon in der Anlage neben der lutherischen Kirche. Einst zierte er den Garten einer Fabrikantenvilla, heute ist er das einzige Rokoko-Gartenhäuschen, dem wir noch im Bergischen Land begegnen können.

Natürlich läßt sich auch zwischen den Städtchen manche Entdeckung machen. Etwa den schönen Weiler mit dem klangvollen Namen Engelshagen, der einen kleinen Abstecher wohl wert ist. Von weitem zeigt er sich nur als Baumgruppe in der offenen Landschaft. Doch oberhalb der gefaßten Quelle liegen zwei Bauernhäuser und ein Wirtschaftsgebäude. Das ältere Haus zeigt den bekannten bergischen Dreiklang: Schwarzgrau dunkelt der Schiefer, weiß strahlen Fenster und Türen, grün leuchten die Klappläden. Sogar ein jahrhundertealter ›Steengaden‹ blieb an diesem Bau erhalten, also ein herrschaftlicher Wohnturm aus Bruchstein. Und selbst der Bauerngarten, hier steht er in Ehren, wird tatsächlich noch eingefaßt von der andernorts längst verschwundenen Weißdornhecke.

Auch die Weiler Braß- und Steffenshagen haben ihr Erscheinungsbild während der letzten 100 Jahre kaum verändert; Hecken, Gärten und Obstweiden, ja selbst die markanten Hof- und Hausbäume grünen diese kleinen Hofgruppen ein, die vorzeiten im Bergischen Land die bevorzugte Siedlungsform waren. So fügen sie sich in das sehr abwechslungsreiche Landschaftsmosaik bestens ein.

Wie selbstverständlich sollte zu einer bergischen Überlandfahrt auch die Erinnerung ans Eisengewerbe gehören. Schon seit dem 15. Jh. nutzte der Goldenbergshammer die Wasserkraft, ein Mühlenteich sorgte dafür, daß der Energieträger stets in ausreichender Menge zur Verfügung stand. Der Teich glänzt heute noch mit einem Wasserspiegel, während sich der alte Hammergraben nur mehr schwach als Trockenrinne in der Talflanke abzeichnet.

Linke Seite: Bevertalsperre bei Hückeswagen
Oben: Marktplatz mit kath. Kirche in Radevormwald

ROUTE 19

1. Hückeswagen: Historischer Stadtkern mit Burg und Kirche (s. S. 81)
2. Abstecher Engelshagen: Alter Weiler (s. S. 81)
3. Dürhagen: Alter Weiler (s. S. 81)
4. Wuppertalsperre
5. Radevormwald: Historisches Ortsbild mit ev. luth. und ev. reform. Kirche (s. S. 81)
6. Bevertalsperre: Ende 19. Jh. als Brauchwasser-Reservoir für Industrie erbaut, jetzt Erholungsschwerpunkt

1 km
1 : 50 000

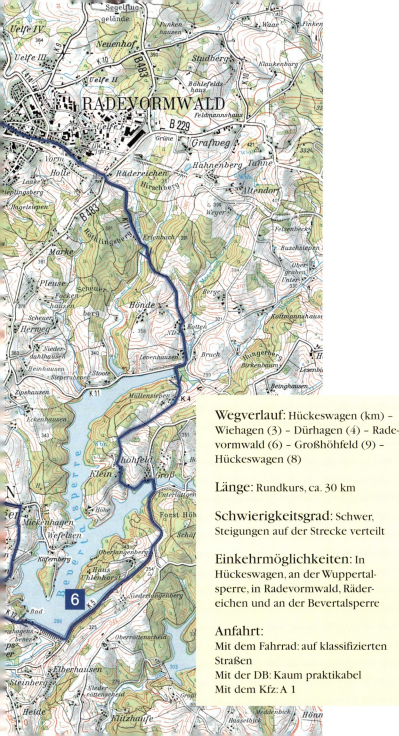

Die Tour:

Die Tour startet im Ortskern von **Hückeswagen** und führt über die alte B 237 durch Wiehagen. Nachdem man den Ort hinter sich gelassen und die Gleise überquert hat, geht es rechts bergan auf der K 49 über Braßhagen zur K 1. Hier nach links – geradeaus geht es zum Weiler **Engelshagen**. Auf der K 1 über Steffenshagen hinab nach **Dürhagen,** an der **Wuppertalsperre** links bis zur Kräwinkler Brücke, nach rechts auf die L 412 einbiegen und ihr folgend über Heide bis an den Ortsrand von Bergerhof. Hier rechts halten und weiter geradeaus bis zur großen Kreuzung. Die B 229 passieren und auf der alten Hauptstraße durch **Radevormwald**. Am Ortsrand stößt man wieder auf die B 229 und folgt ihr bis Rädereichen. Hier geradeaus auf der K 11 über Erlenbach und Kotten nach Bruch. Nach 100 m biegt man an der **Bevertalsperre** links ab nach Müllensiepen. Hinter dem Ort geradeaus nach Kleinhöhfeld und dann links in Richtung Großhöhfeld. An der K 4 rechts, auf dem Damm die Talsperre überqueren. Die Tour folgt zunächst dem Straßenverlauf bergauf und führt dann an der Talsperre entlang. Am Talsperrenende rechts ab über den Abschlußdamm. Man gelangt im weiteren Verlauf über Groß- und Kleinberghausen bergab nach Mickenhagen. Hier links abbiegen und der Straße durch Neuhückeswagen zurück nach **Hückeswagen** folgen. Auf der Brücke überquert man die Wupper und ist wieder zurück am Ausgangspunkt.

Wegverlauf: Hückeswagen (km) – Wiehagen (3) – Dürhagen (4) – Radevormwald (6) – Großhöhfeld (9) – Hückeswagen (8)

Länge: Rundkurs, ca. 30 km

Schwierigkeitsgrad: Schwer, Steigungen auf der Strecke verteilt

Einkehrmöglichkeiten: In Hückeswagen, an der Wuppertalsperre, in Radevormwald, Rädereichen und an der Bevertalsperre

Anfahrt:
Mit dem Fahrrad: auf klassifizierten Straßen
Mit der DB: Kaum praktikabel
Mit dem Kfz: A 1

Info: Verkehrsamt der Stadt Gummersbach, Rathausplatz, 51643 Gummersbach, Tel.: 02261/8 75 58, Fax: 02261/8 67 00

Im Windecker Ländchen

Wahrzeichen und Wege

Diesmal geht es von Dattenfeld aus an der Sieg entlang und dann in den Staatsforst Neunkirchen-Seelscheid. Schließlich erreicht man Rosbach und Burg Windeck.

Es gäbe etliche Ruinen anzufahren im Windecker Ländchen. Nehmen wir, um mit den jüngsten anzufangen, nur die Wüstung Kölschbach. Schon das Wort Wüstung hat einen archaischen Klang, zumindest verbinden sich mit ihm die Pest- oder sonstige Notzeiten des Mittelalters oder der frühen Neuzeit. Kölschbach aber wurde erst nach 1950 endgültig verlassen - obwohl sein Name eher wie ein Versprechen klingt.

Ein anderes Beispiel sind die Mauerzüge der Pulverfabrik Elisenthal. Es liegt in der Natur ihrer Erzeugnisse, daß solche Betriebe nicht zwingend auf den langsamen Verfall angewiesen sind, um nur noch in Überresten von der einstigen Existenz zu künden. Diese Fabrik ging 1915 in die Luft, von einem Wiederaufbau sah man trotz Weltkrieg ab.

Doch eigentlich darf im Windecker Ländchen nur ein zerfallenes Gemäuer auf die Beherrschung der Schlagzeilen Anspruch erheben. Und seit Burg Windeck aus Ruinen halbwegs auferstanden ist, prunkt das Ländchen auch wieder mit einem geschichtsträchtigen Wahrzeichen.

Für feinere Details der Kulturlandschaft braucht es ein schärferes Auge. Aber geschult, wie das Auge des Radwanderers vielleicht ist, werden ihm die langgestreckten Wellen in den sanfter geneigten Wiesen auffallen, obwohl sich diese Stufenraine heute nur noch ganz schwach im Gelände abzeichnen. Parallel zu den Höhenlinien verlaufend, grenzten sie früher die Äcker gegeneinander ab.

Ihren Ausgang aber nahm die Siedlungsgeschichte des Raums von den Hochflächen. Dort finden sich bezeichnenderweise auch die wenigen Rodungsinseln im Baumkronenmeer des Nutscheid. Nur auf den Höhen gab es ebene (oder lediglich flach geneigte) Parzellen, die den Ackerbau überhaupt gestatteten. Selbst die wichtigste Fernstraße verlief über den Nutscheidkamm - Talwege hätten schon durch heftige Niederschläge bis zur Unpassierbarkeit leiden können.

Doch keine Regel ohne Ausnahme: Das Siegtal hat die Menschen schon sehr früh angezogen. Ohnehin erreichen die Leute das Windecker Ländchen heute oft vom Fluß her, dessen Aue Bergisches Land und Westerwald trennt. Auch sonst tritt die Sieg hier recht bestimmend auf, vor allem dank ihrer ausgeprägten Mäander.

Die fanden nun zwar den Beifall romantischer Landschaftsschwärmer, aber keineswegs den der Eisenbahnplaner. Sie hätten zwei äußerst kostspielige Viadukte bauen müssen, um die Flußschleife bei Schladern zu überbrücken. Da kam die Verlegung des Flußbetts billiger. Also wurde der Schloßberg durchstoßen; und als Entschädigung für den kurzen Weg durfte sich die Sieg jetzt 4 m talabwärts stürzen - manche haben darin einen Wasserfall sehen wollen.

Als 1860 die Bahnstrecke (Köln-)Deutz-Gießen eröffnet wurde, hatte dies einen gewaltigen Industrialisierungsschub zur Folge - und allzu oft eine katastrophale Verschlechterung der Wasserqualität des Flusses. Doch heute ist der Bahnhof von Schladern ein guter Ausgangspunkt für die Radfahrt durchs Windecker Ländchen. Und das bietet nicht nur die Burgruine Windeck mit dem schönen Fachwerkdorf zu ihren Füßen, sondern ebenfalls bemerkenswerte Gotteshäuser wie die neoromanische Kirche St. Laurentius in Dattenfeld, wegen ihrer Doppelturmfassade auch Siegtaldom genannt.

Linke Seite: Sieglandschaft bei Windeck
Oben: Bergisches Land bei Eitorf
Unten: Farn

ROUTE 20

Wegverlauf: Schladern (km) – Altwindeck (2) –Dattenfeld (2) –Herchen (7) – Saal (5) – Rosbach (5) – Mittel (4) – Gierzhagen (2) – Schladern (2)

Länge: Rundkurs, ca. 29 km

Schwierigkeitsgrad: Mittel, einige Steigungen zwischen Herchen und Locksiefen sowie im Pochetal

Einkehrmöglichkeiten: Allerorts im Siegtal

Anfahrt:
Mit dem Fahrrad: FR 24 ›Sieg-Radwanderweg‹/ FR 33
Mit der DB oder S-Bahn: Schladern
Mit dem Kfz: A 3

Die Tour:
Start der Tour ist am Bahnhof **Schladern**. Auf dem Fernradweg (FR) 24 führt der Weg neben den Bahngleisen in Richtung Altwindeck. Nach Überquerung der Siegtalchaussee (L 333) biegt man nach rechts in die Straße Burg Wiese. Am Haus Broich geht es rechts und an der nächsten Weggabelung wieder rechts zur Burgruine Windeck (Fahrrad am Heimatmuseum abstellen) bzw. links weiter durch **Altwindeck** nach **Dattenfeld**. Die Tour führt nun weiter auf dem FR 24 an der Sieg entlang über Hoppengarten nach **Herchen**. In Herchen überquert man hinter den Kirchen links die Sieg und wendet sich dann nach links bergan durch den Staatsforst Neunkirchen in Richtung Obersaal. Die Schnellstraße wird unterquert, und weiter fährt man über Obersaal und Locksiefen bis zum Parkplatz bei Lindenpütz. Hier rechts, dann an dem Campingplatz vorbei über die Sieg nach **Rosbach**. Links abbiegen, am Bahnhof vorbeifahren und an der Sieg entlang nach Poche. Hier schwenkt man rechts und fährt durch das **Pochetal** hinauf nach Mittel. In Mittel links hoch nach Rommen und weiter über Gierzhagen wieder hinab nach Poche. Jetzt biegt man rechts ab und gelangt auf der B 256 zurück zum Bahnhof **Schladern**.

Info: Fremdenverkehrsamt der Gemeinde Windeck in Rosbach, Tel.: 02292/601-0; Verkehrsverein »Windecker Ländchen« e. V. in Windeck-Herchen, Tel.: 02243/3096

1 km
1 : 50 000

1. Altwindeck und Burgruine Windeck (s. S. 85)

2. Dattenfeld: ›Siegtaldom‹ aus dem 19. Jh., so genannt wegen des imposanten, doppeltürmigen Erscheinungsbildes

3. Herchen: Kath. Pfarrkirche St. Peter, romanisch sind Westturm und Mittelschiff, spätgotisch Haupt- und nördliches Nebenchor

4. Rosbach: Ev. Kirche, romanischer Westturm, Rokokoausstattung

5. Pochetal bei Schladern: Steinbrüche

Zwischen Hennef und Merten

An Bröl und Sieg

Von Hennef geht es zunächst die Bröl hinauf, bevor der Weg über Bödingen wieder zur Sieg hinunterführt. Immer wieder überrascht das schöne Wechselspiel von Flußlandschaft und Bauwerken: den Kirchen von Bödingen und Merten.

Was am Lachs immer schon beeindruckte, war seine außerordentliche Sprungkraft: Einigen Exemplaren gelang es sogar, über den Rheinfall von Schaffhausen zu schnellen. Dagegen war er als Speisefisch keineswegs unumstritten. Jedenfalls führten die Knechte und Mägde vergangener Jahrhunderte häufiger Klage, daß ihnen die Herrschaft drei- bis viermal in der Woche Lachs vorsetze. Und den könnten sie inzwischen nicht mehr sehen, geschweige denn essen.

Doch hat diese Abneigung den Rhein-Lachs nicht vor dem Aussterben bewahrt. Für sein Verschwinden aus dem Flußsystem sorgten ganz andere Faktoren als die Eßgewohnheiten. Das Wasser zu schmutzig, die Zugänge zum Atlantik verbaut, die Laichplätze großenteils zerstört. Mit dem Rückgang der Schadstofffrachten in den Flüssen konnte dann ein Neuanfang gewagt werden. Inzwischen machen sich wieder Jung-Lachse auf in den Atlantik, kehren zurück und laichen sogar im Heimatgewässer ab. Aber das Verdienst, den ersten Wander-Lachs wieder einem Angler an den Haken geliefert zu haben, gebührt der Bröl. Ende 1990 fing ein Petrijünger hier ein Exemplar, das sich nachweislich im Meer getummelt und demzufolge auch den Weg über Rhein und Sieg zurück in die Bröl gefunden hatte.

Außerdem spricht für die Bröl nicht nur der Lachsfang, sondern auch die wunderschöne Flußpartie. Dann freilich führt der schattige (Wald-)Weg hinauf nach Bödingen. Mittelpunkt des Ortes ist das ehemalige Stift der Augustiner-Chorherren. Seinem Gotteshaus, der heutigen katholischen Pfarrkirche, scheint der mächtige Westturm vor allem deshalb zugedacht, um ihn die Höhe über dem Siegtal eindrucksvoll krönen zu lassen. Doch auch aus der Nähe imponiert der spätgotische Bruchsteinbau, über dessen Fertigstellung das ganze 15. Jh. vergehen sollte. Errichtet wurde die Kirche wegen eines wundertätigen Gnadenbilds der Schmerzhaften Muttergottes. Dieses Schnitzwerk aus der Zeit um 1350 blieb der Andachtsstätte erhalten, wenn es auch die Jahrhunderte nicht unbeschadet überstanden hat.

Auch die Mertener Kirche ist der Glücksfall eines Bauwerks, das eine ohnehin reizvolle Naturszenerie in ihrer Wirkung noch steigert. Ein bewaldeter Höhenriegel des Bergischen Landes stößt hier tief nach Süden vor und zwingt die Sieg zu einem weiten Bogen. Über der steilen Talflanke ragt ein Kirchturm aus den Baumkronen. Eigentlich müßten es sogar zwei Türme sein, denn im Westen schließt St. Agnes mit einer Doppelturmfassade ab. Da jedoch der eine Turm nie vollendet wurde, kann nur der andere schon von weitem auffallen.

Diese Kirche, um 1160 erbaut, gehört zu den bemerkenswerten Schöpfungen der rhein-maasländischen Romanik. Ja, die (westliche) Nonnenempore hat eine geradezu kühne Architektur, sie allein ist schon den Weg nach Merten wert. Im übrigen sind auch hier Teile der barocken Klosteranlage erhalten geblieben, die ihr herrschaftliches Aussehen nicht allein dem etwa 1909 neu hinzugekommenen Schloßbau verdankt. Offenbar konnten selbst die besonders demütigen Nonnen vom Orden der unbeschuhten Augustinereremitinnen dem Zug der Barockzeit nicht widerstehen und versahen ihre weltliche Wohnung mit einem Hauch von Pracht.

Linke Seite: Bauernhof im Bergischen
Oben: Schloß Allner
Unten: Gnadenbild der Schmerzhaften Muttergottes in Bödingen

ROUTE 21

Wegverlauf: Hennef (km) - Allner (1) - Bröl (3) - Bödingen (1) - Litterscheid (5) - Merten (5) - Oberauel (5) - Hennef (7)

Länge: Rundkurs, ca. 27 km

Schwierigkeitsgrad: Mittel, Anstiege zwischen Bröl und Stockum

Einkehrmöglichkeiten: In Hennef, Bödingen, Merten, Stadt Blankenberg

Anfahrt: Mit dem Fahrrad: FR 24 bzw. ›Sieg-Radwanderweg‹
Mit der DB: Hennef
Mit dem Kfz: A 3

Die Tour:

Die Tour startet am Bahnhof in **Hennef** und führt, nachdem die Hauptstraße überquert wurde, über die Brücke nach **Allner**. Hinter dem Schloß geht es an der Kreuzung geradeaus und dann links ab nach Müschmühle. Am Ortsende fährt man weiter am Waldesrand in Richtung Bröl. An der Kreuzung rechts hoch nach Driesch. - Geradeaus gelangt man zur Marienwallfahrtskirche in **Bödingen**. - Die Tour führt aber nach links weiter bergauf, dem Wegverlauf folgend, an Stockum vorbei, durch den Nutscheid. Nachdem man die Wegkreuzung Litterscheid/Honscheid passiert hat und an der nächsten Abzweigung rechts abgebogen ist, führt der Weg über Bruch hinab nach **Merten**. Die Tour folgt nun dem weiteren Verlauf des Fernradwanderweges FR 24 durch das Siegtal. - Hinter der Siegbrücke bei Oberauel lohnt ein Abstecher nach links zur **Stadt Blankenberg**. - Der Radwanderweg verläuft weiter rechts auf dem FR 24 und stößt hinter Weldergoven auf die B 478. Hier links und dem Straßenverlauf bis zur Abzweigung zum Kurgelände und Wildgehege folgen. Hier geht es rechts, am Parkplatz wieder rechts, nach Überquerung der Gleise erneut rechts und geradeaus zurück zum Bahnhof in **Hennef**.

Info: Stadtverwaltung im Rathaus, Frankfurter Str. 97, 53773 Hennef/Sieg, Tel.: 02242/888-140

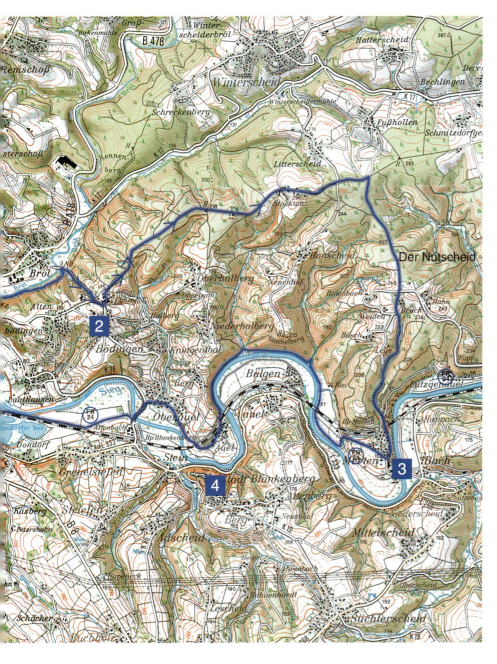

1. Hennef-Allner: Schloßanlage, 16.-18. Jh., mächtige gotische Umfassungsmauer

2. Bödingen: Kath. Pfarrkirche Mater dolorosa; ehemalige Stiftsgebäude (s. S. 89)

3. Merten: Kath. Pfarrkirche St. Agnes (s. S. 89) in rhein-maasländischer Romanik (um 1160)

4. Abstecher Blankenberg: 1245 zur Stadt erhoben, eigentlich eine sehr gut erhaltene Großburganlage; berühmtes historisches Ortsbild

5. Hennef: ältester Kneippkurort im Rheinland, drei barocke Hofanlagen an der Hauptstraße

1 km
1 : 50 000

An Rhein und Sieg

Niederungen und Höhenflüge

Von Zündorf aus führt diese Tour über Libur und Troisdorf. Dann geht es durch Streuobstwiesen an der Sieg entlang zum Rhein und stromaufwärts über Niederkassel wieder zurück.

Besonders schön fährt es sich durch die Streuobstwiesen Ende April. Jetzt streuen die Apfelbäume zwar kein Obst, dafür aber Blütenblätter. Bleibt zu hoffen, daß die weiße Pracht nicht schon bald Blütenschnee von gestern ist. Denn hier stehen noch ›wirkliche‹ Bäume mit ebenso hohen Stämmen wie ausladenden Kronen – und halt keine schnurgeraden Reihen schmächtiger Obstbüsche, die eine kostengünstige Ernte mit der Pflückmaschine ermöglichen.

Auf schätzungsweise knapp ein Drittel ihrer ursprünglichen Fläche sind die Streuobstwiesen heute geschrumpft. Wo sie noch geduldet werden, kümmert sich niemand mehr um sie, der Pflegeschnitt bleibt aus und auch der Ersatz überalterter Bäume. In letzter Zeit allerdings versuchen viele Naturschützer, diesen Niedergang aufzuhalten. Und sie wissen, daß der Lebensraum Obstwiese ohne Nutzung keine Zukunft hat. Immerhin werden die anfallenden Früchte neuerdings zu Apfelsaft verwertet.

Ein Dorado sind diese Wiesen für den Steinkauz, eine selten gewordene Eulenart. Ohnehin verdankt es die Siegniederung hauptsächlich den Vögeln, daß sie 1986 als Naturschutzgebiet ausgewiesen wurde. Wir erreichen sie hinter Troisdorf-Sieglar, um die Fahrt den Fluß entlang bis zu seiner Mündung fortzusetzen.

Die Sieg, einst einer der fischreichsten Flüsse Deutschlands, hat nach einer langen Phase der Verschmutzung durch Industrieabwässer wieder eine bessere Wasserqualität. Nur macht sauberes Wasser allein noch keinen intakten Fluß. Gerade als sich die Sieg zu erholen begann, wurden hierzulande die Betonteppiche fürs Auto erst richtig ausgerollt. Heute überspannt (richtiger: zerschneidet) ein Autobahnzubringer auch die Siegaue.

Immerhin blieb der Siegmündung noch ein Rest von Auwald. Bei ihm läßt sich eine erlen- und weidenreiche Weichholzaue von der Hartholzaue mit Stieleiche und Ulme unterscheiden. Erstere hat ganz nah am Wasser gebaut, während die Hartholzaue das leicht erhöhte Gelände bevorzugt, weil ihre Bäume auf die zeitweilige Überflutung empfindlicher reagieren. Namentlich die Hartholzauen zählen mittlerweile zu den seltensten Lebensräumen überhaupt, in den großen Stromtälern sind sie sogar vom Aussterben bedroht. Dabei sind sie vielleicht die urtümlichsten unserer Wälder. Nur hier wachsen mit Efeu, Wald-Geißblatt, Wilder Waldrebe und Hopfen alle vier Lianenarten Deutschlands. Der Schlingpflanzenreichtum erinnert an die Tropenwälder ebenso wie der hohe Anteil an Holzgewächsen.

Nun, den Baumbestand der Siegaue wird so leicht niemand mit einem Urwald vergleichen. Weithin ähnelt er einem lichten Park, und die vielen Hybrid-Pappeln lassen ohnehin keinen Zweifel daran, daß der Mensch ihm den Wildwuchs ausgetrieben hat. Das haben auch die Vögel gemerkt und übelgenommen. Von den 77 Arten, die einst in der Siegniederung brüteten, haben 21 das Weite gesucht. Dennoch bauen hier noch viele ihr Nest, ganz zu schweigen von den zahlreichen Durchzüglern und Überwinterern. Geblieben ist auch der melancholische Sänger Pirol, ein typischer Bewohner des Auenwalds. So lange er sein prächtiges Gefieder zeigt, wollen wir hoffen, daß die Siegniederung vielleicht doch noch einmal zu einem Höhenflug ansetzen kann.

Linke Seite: Fischer im Naturpark Siegdelta
Oben: Mit dem Rad durch das Siegdelta

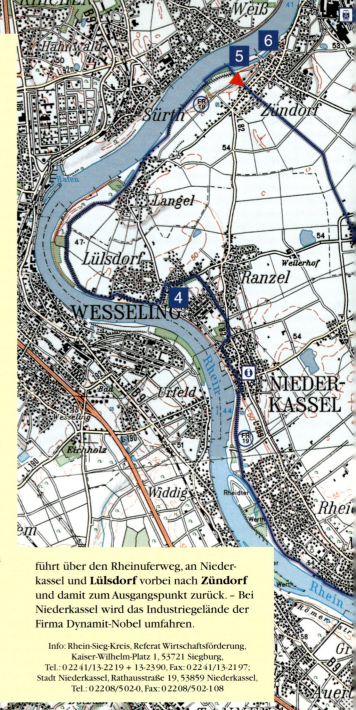

Wegverlauf: Zündorf (km) – Libur (5) – Sieglar (6) – Troisdorf (3) – Mondorf (11) – Niederkassel (5) – Lülsdorf (4) – Langel (4) – Zündorf (3)

Länge: Rundkurs, ca. 41 km

Schwierigkeitsgrad: Leicht, keine nennenswerten Steigungen

Einkehrmöglichkeiten: Gasthöfe an den Orten entlang dem Rhein

Anfahrt:
Mit dem Fahrrad: R 17 / R 19 / R 22
Mit der DB oder S-Bahn: Porz, Porz-Wahn
Mit dem Kfz: A59

Fährverbindung: Personenfähre Niederkassel-Lülsdorf–Wesseling. Fahrtrhythmus halbstündlich. Vom 1. 10-31. 3. sonn- und feiertags kein Fährbetrieb

Die Tour:
Ausgangspunkt der Tour ist **Zündorf**. Von den Parkplätzen an den Bädern geht es an der Kirche vorbei geradeaus über Wirtschaftswege nach **Libur**. Über Feldwege und durch Streuobstwiesen fährt man geradeaus über Stockem nach **Kriegsdorf**. Vor der Kirche rechts ab, dann links, hinter dem Sportplatz wieder links und die zweite Straße rechts nach **Sieglar**. Weiter geradeaus durch Sieglar und an der Kläranlage vorbei gelangt man nach Troisdorf-Friedrich-Wilhelms-Hütte. An der zweiten Brücke überquert man die Sieg, wendet sich nach rechts am Fluß entlang durch die **Siegaue** in Richtung Rhein. Vor der Siegmündung rechts ab auf den straßenbegleitenden Radweg. Nachdem die Sieg erneut passiert wurde, halbrechts halten und weiter an Bergheim vorbei. Man kreuzt die Hauptstraße und gelangt am Hafen vorbei an das Rheinufer von Mondorf. Der ausgeschilderte Radwanderweg FR 19 führt über den Rheinuferweg, an Niederkassel und **Lülsdorf** vorbei nach **Zündorf** und damit zum Ausgangspunkt zurück. – Bei Niederkassel wird das Industriegelände der Firma Dynamit-Nobel umfahren.

Info: Rhein-Sieg-Kreis, Referat Wirtschaftsförderung, Kaiser-Wilhelm-Platz 1, 53721 Siegburg, Tel.: 0 22 41/13-22 19 + 13-23 90, Fax: 0 22 41/13-21 97; Stadt Niederkassel, Rathausstraße 19, 53859 Niederkassel, Tel.: 0 22 08/5 02-0, Fax: 0 22 08/5 02-108

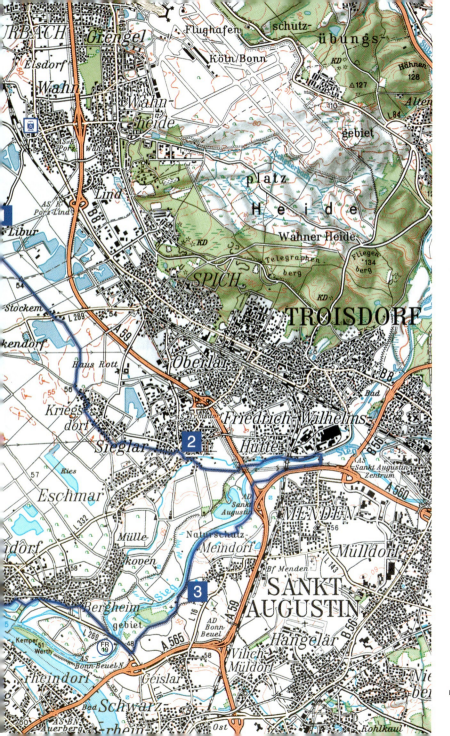

1 Köln-Libur: ›Kleinstes Dorf Kölns‹

2 Sieglar: Kath. Pfarrkirche St. Johann von der Lateinischen Pforte, romanischer Westturm (um 1150), romanischer Taufstein

3 Siegaue (s. S. 93)

4 ›Burg‹ Lülsdorf

5 Zündorfer Groov: Halbinsel im Rhein, Pappelbestand (s. S. 93)

6 Zündorf: Zollturm (nach 1425) an der Nordspitze des ehemaligen bergischen Hafens Zündorf

ROUTE 23

An der Lebensader Kölns

Am Rhein entlang

Hinauf und hinab – jedenfalls immer am Rhein entlang verläuft diese Kölner Radtour: an Zoo und Flora vorbei, dann auf die ›schäl Sick‹ nach Deutz und durch die Poller Wiesen; über Porz und schließlich zurück über Rodenkirchen.

St. Kunibert zählt strenggenommen nicht zum Kernbestand der Alt-Kölner Kirchen. Erst 1106 wurde ihr der Schutz durch die Stadtmauer zuteil. Seit der Ausdehnung der *civitas* stand St. Kunibert freilich in der vorderen Reihe hiesiger Stifte. Als letztrestaurierte im Kranz der romanischen Kirchen (mit allerdings gotisiertem Westbau) zeigt der Bau eine gewisse Kühle. Und doch birgt er ein tiefes Geheimnis.

Es läuft also auf den Brunnen (lateinisch: *puteus*) hinaus, auf den Kunibertspütz. Der Pütz liegt unter dem Ostchor von St. Kunibert und ist von einem kryptaähnlichen Raum her zugänglich. (Nur kryptaähnlich ist der Raum deshalb, weil er seine Existenz dem abfallenden Gelände zum Rhein verdankt und nicht einem Kirchenbauprogramm. Irgendwie mußte ein Höhenausgleich geschaffen werden.) Genau in der Kirchenachse gelegen, vermuten hier viele den eigentlichen Kern der gesamten Anlage. Es wird sogar auf ein heidnisches Wasserheiligtum spekuliert, das an dieser Stelle gelegen haben soll.

Am Grund des Brunnens, so geht die Sage, tollen die ungeborenen Kinder um die Jungfrau Maria, die sie mit süßem Brei nährt. Und oben am Pütz finden sich dann die Eltern ein, wenn sie einem Sprößling das irdische Leben schenken möchten. Wasser wird demnach auch hier als Ursprung allen Lebens verstanden.

Und damit wären wir bei der Lebensader Kölns – dem Rhein. Immerhin trägt der Strom in den letzten Jahren leichter an seiner Giftfracht, die Internationale Kommission zum Schutz des Rheins hat sogar schon das Zieltransparent mit dem Slogan »Lachs 2000« aufgespannt. Natürlich kann eine Metropolenfahrt keine spektakuläre Natur bieten, aber sie kann wenigstens am Rhein vorbeiführen. Zumal sich Strom und Stadt wieder nähergekommen sind und Köln im Bereich der Altstadt jetzt tatsächlich am Rhein liegt und nicht an der Rheinuferstraße.

Ganz zwanglos läßt sich mit dieser Tour auch ein Besuch von Zoo oder Flora verbinden. Und mögen auch die Schaugewächshäuser der Flora (schon 1862-64 errichtet) geradewegs in die Tropen entführen, präsentiert der Botanische Garten (1912-14 geschaffen) doch auch manche Art der – zumindest im weiteren Verständnis – einheimischen Pflanzenwelt.

Nun hat Köln auch eine andere Rheinseite, und ungeachtet der Tatsache, daß sie gerne links liegen gelassen wird, ist es die rechte. Dort findet der Radfahrer, sobald er mit seinem Gefährt die Mülheimer Brücke hinuntergestiegen ist, einen Winkel mit ganz eigner Atmosphäre. Hinter den betagten Häuschen erhebt sich die alte katholische Pfarrkirche St. Klemens. Vom Rhein her macht sie mit ihrer hohen Aufmauerung einen noch erhabeneren Eindruck.

Lokalpatrioten mit Gerechtigkeitssinn haben der ›schäl Sick‹ übrigens immer den schönen Blick zugute gehalten, den sie auf das Panorama der eigentlichen Vaterstadt gegenüber bietet. Eher mit Achselzucken werden sie zur Kenntnis nehmen, daß sich auf den Poller Wiesen oder doch wenigstens an deren Rand eine so schöne kleine Pflanze wie der Dolden-Milchstern hält. Wir nehmen ihn als Abgesandten der Weinberge stromaufwärts – und als rares Stück Natur, das hier seinen eigenen Kopf durchgesetzt hat.

Linke Seite: Rheinblick auf den Kölner Dom, St. Martin und die Altstadt
Oben: Rhein bei Rodenkirchen
Unten: Poller Wiesen

ROUTE 23

1. St. Kunibert, romanisch
2. Zoo und Flora mit Botanischem Garten
3. Köln-Mülheim: ›Alt-Mülheim‹ unterhalb der alten kath. Pfarrkirche St. Klemens, noch der Gotik verpflichtete Barockarchitektur
4. Rheinpark
5. Deutz: Alt St. Heribert, wiederaufgebaute Kirche der ehemaligen Benediktinerabtei, postgotisch (1659-63), teils (Außenmauern des Langhauses) über der spätottonischen Anlage (um 1020) errichtet
6. Weißer Rheinbogen
7. Altstadt mit Rathaus und romanischer Pfarrkirche Groß St. Martin, des nach dem Dom bedeutendsten Kölner Gotteshauses
8. Rheinpromenade mit Dom, Wallraf-Richartz-Museum und Museum Ludwig, beide Di-Fr 10-18, Sa-So 11-18 Uhr

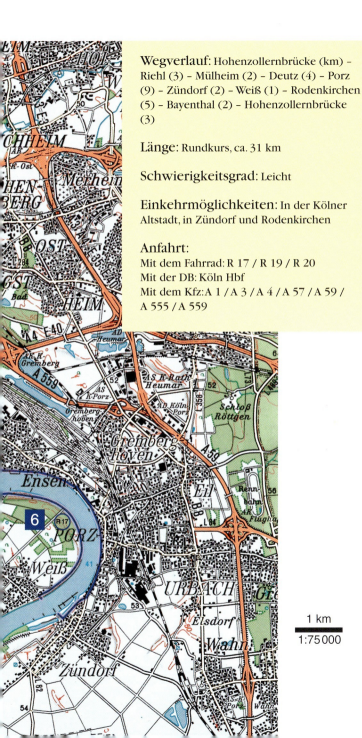

Wegverlauf: Hohenzollernbrücke (km) – Riehl (3) – Mülheim (2) – Deutz (4) – Porz (9) – Zündorf (2) – Weiß (1) – Rodenkirchen (5) – Bayenthal (2) – Hohenzollernbrücke (3)

Länge: Rundkurs, ca. 31 km

Schwierigkeitsgrad: Leicht

Einkehrmöglichkeiten: In der Kölner Altstadt, in Zündorf und Rodenkirchen

Anfahrt:
Mit dem Fahrrad: R 17 / R 19 / R 20
Mit der DB: Köln Hbf
Mit dem Kfz: A 1 / A 3 / A 4 / A 57 / A 59 / A 555 / A 559

Fährverbindung: Personenfähre von Zündorf nach Weiß in der Sommersaison nach Absprache. Personenfähre Niederkassel-Lülsdorf–Wesseling: Fahrtrhythmus halbstündlich. Vom 1. 10.–31. 3. sonn- und feiertags kein Fährbetrieb

Die Tour:
Die Tour startet auf dem Rheinuferweg an der **Hohenzollernbrücke** und führt in nördlicher Richtung immer am Rhein entlang unter der Zoobrücke hindurch zur Mülheimer Brücke. Man folgt dem Verlauf der B 51 über die Straße An der Schanz und fährt über die Brücke nach **Mülheim**. Auf der anderen Rheinseite angekommen, nimmt man es entweder sportlich und trägt/schiebt sein Rad die Treppe hinunter, oder man fährt weiter, hält sich dreimal rechts, und gelangt so über die Danziger-, Schleiermacherstraße und Am Pulverturm ebenfalls auf die Hafenstraße. Die Tour führt nun weiter auf dem Fernradwanderweg R 19 am Mülheimer Hafen vorbei immer am Rhein entlang nach **Zündorf**. Hier setzt man mit der Fähre über den Rhein nach **Weiß** und biegt gleich rechts ab auf den Rheinuferweg. – Falls der Fährbetrieb ruht, weiter auf dem R 19 nach Niederkassel-Lülsdorf, dort mit der Fähre nach Wesseling übersetzen und über den R 17 nach Weiß. – Von hier aus führt der Rheinuferweg (R 17) an Rodenkirchen vorbei zurück zur **Hohenzollernbrücke**.

Info: Verkehrsamt der Stadt Köln,
Unter Fettenhennen 19, 50667 Köln,
Tel.: 02 21/2 21-33 45, Fax: 02 21/2 21-33 20

Knechtsteden und Zons

Über Gott und die Welt

Sicher ist die Fahrt am Rhein entlang fast immer ein Vergnügen. Diese Tour aber folgt auch den Spuren des historischen Rheins. Am Wege liegen das berühmte Städtchen Zons und die nicht weniger berühmte Abtei Knechtsteden.

»Wie ist doch die Verblendung der Menschen so gewaltig, daß sie Ehren nachjagen, die verschwinden, Reichtümer suchen, die arm machen an der Seele, eine Welt lieben, in der man keine Ruhe hat, wo es kein Glück gibt ohne Mißgeschick, keinen Überfluß ohne Not, wo auch die besten Tage nicht ohne Verdruß sind.«

Nicht der Wortwahl, sehr wohl aber dem Sinn nach könnten diese Sätze auch von einem jüngeren Zivilisationskritiker stammen. Doch so redete bereits um 1110 Norbert von Xanten, der Begründer des Prämonstratenserordens, seinen Zeitgenossen ins Gewissen. Solche Sprachgewalt muß auch den Kölner Domdechanten Hugo von Sponheim tief beeindruckt haben, jedenfalls gab er seinen Fronhof Knechtsteden in die Hand des jungen Ordens.

Das Kloster Knechtsteden blühte und gedieh, schon 1138 konnte mit dem Bau einer neuen Kirche begonnen werden. Die romanische Gewölbebasilika stellt dem Kunstsinn der Bauherren ein hervorragendes Zeugnis aus und ein Kardinal rühmte sie sogar einmal als »steinernes Gedicht«.

Unmittelbar an den Klosterbezirk grenzt der Chorbusch. Er gehört zu den wenigen Waldstücken der Kölner Bucht, die der Rodung wenigstens teilweise entgangen sind. Natürlich ergriffen die Ökologen diese Gelegenheit gleich beim Schopf: Sie richteten hier eine Naturwaldzelle ein. Jetzt läßt sich die Entwicklung der hiesigen Waldgesellschaft verfolgen, wenn unsereins nicht mehr Hand an sie legt.

Der Zweiheit von Kloster Knechtsteden und Chorbusch im Westen entspricht die von Zons und Zonser Grind im Osten der Tour. Das Städtchen Zons empfehlen hieße Eulen nach Athen tragen oder Kiesel an den Rhein. Der Fluß allerdings änderte hier um 1500 seinen Lauf, und keine wasserbaulichen Finten konnten ihn daran hindern. 1626 floß dann sein Hauptarm so weit von der Stadt entfernt, daß sie im hiesigen Zollhaus die Schiffe nicht mehr ausmachen konnten.

Berühmt ist die ehemalige Zollfeste ja vor allem wegen des erhaltenen Mauerrings, der jedenfalls am Niederrhein seinesgleichen nicht hat. Vom Rheinturm bis zum Krötschenturm reichen die Mauern ebenso ununterbrochen wie vom Mühlen- zum Juddeturm.

Selbstredend empfehlen auch wir einen Gang entlang dieser Befestigung. Aber unser Interesse soll vor allem den Pflanzen gelten. Denn falls eine Mauer geeignet ist, die Mauerblümchen aus dem Sprachgebrauch zu vertreiben, dann die von Zons. Die Gewächse hier strotzen vor Vitalität, die Mauerraute nicht anders als der Schwarzstielige Streifenfarn, das Zimbelkraut mit seinen kleinen, löwenmäuligen Blüten genauso wie das seltene Glaskraut.

Und auf dem Wiesenplan des Zonser Grinds können nicht nur Kühe und Pferde, sondern auch die Augen weiden: besonders an den Kopfweiden. Leider sind oft die mit dem imposantesten Aussehen am schlechtesten dran. Sie verdanken ihren im Wortsinn schweren Kopf der Tatsache, daß niemand mehr ihre Ruten zum Korbflechten braucht. Oft droht die mächtige Krone auseinanderzubrechen. Dabei enthalten gerade ihre Blätter jenes Salicin, das am Anfang einer wirkungsvollen Kopfschmerzbekämpfung stand.

Linke Seite: Wirtshaus zur Rheinfähre in Dormagen-Zons
Oben: Zons, Juddeturm
Unten: Kloster Knechtsteden

ROUTE 24

1. Dormagen-Delhoven: Wildgehege Tannenbusch und Geologischer Park
2. Kloster Knechtsteden: Klostergebäude mit Missionsmuseum, romanische Gewölbebasilika (s. S. 101)
3. Knechtsteder Busch (s. S. 101)
4. Zonser Grind: NSG zeigt historische Nutzung der Flußauen als Pappeldriesch
5. Zons: befestigte Stadt mit historischer Stadtmauer (s. S. 101)

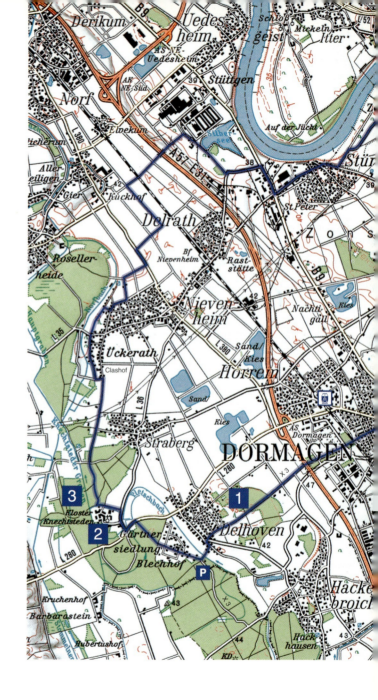

Wegverlauf: Dormagen (km) – Delhoven (6) – Nievenheim (7) – Stürzelberg (8) – Zons (7) – Dormagen (6)

Länge: Rundkurs, ca. 34 km

Schwierigkeitsgrad: Leicht

Einkehrmöglichkeiten: In Dormagen, Knechtsteden, im Zonser Grind und in Zons

Anfahrt: Mit dem Fahrrad: R 17
Mit der DB oder S-Bahn: Dormagen
Mit dem Kfz: A 57

1 km
1:75 000

Die Tour:

Die Tour startet auf der alten Hauptstraße, der Fußgängerzone von **Dormagen** und führt auf dem Hauptwanderweg X 3 immer geradeaus in Richtung Delhoven. Kurz vor **Delhoven** liegt rechts das Wildgehege Tannenbusch. Geradeaus geht es weiter, an Delhoven vorbei bis über den Pletschbach. Am Wanderparkplatz biegt man rechts ab und passiert die Gärtnersiedlung. Geradeaus weiter durch den Wald, an der L 280 erst links und dann rechts auf die L 36. Hinter den Parkplätzen des **Klosters Knechtsteden** geht es erst links, dann rechts durch den **Knechtsteder Busch** in Richtung Nievenheim. Am Ortsanfang hält man sich am Clashof links, dann rechts und weiter am Norfbach entlang. Vor der Kläranlage fährt man rechts, dann zweimal links und wieder rechts. Hier stößt man auf die L 380, biegt nach links ab und an der nächsten Möglichkeit nach rechts. Am zweiten Querweg links, vor Allerheiligen rechts und nun geradeaus, die S-Bahn und die A 57 passierend, auf das Rheinwerk zu. Rechts ab geht es weiter am Silbersee vorbei zur B 9. Hier schwenkt man rechts und dann links nach Stürzelberg. Am Campingplatz vorbei führt die Tour weiter durch das **Zonser Grind** nach **Zons**. Man verläßt Zons auf der Straße in Richtung Rheinfeld, biegt am nächsten Weg links ab und gelangt so auf den Rheindamm. Auf dem Damm führt der Weg bis zur Kläranlage. Hier rechts und dem Wegverlauf folgen. Die B 9 wird passiert, und rechts geht es wieder zurück zum Ausgangspunkt in Dormagen.

Info: Fremdenverkehrsamt, Schloßstraße 37, 41541 Dormagen-Zons, Tel.: 0 21 33 / 5 32 62

Entlang der Erft

Burgen und Schlösser

Neben Schlössern und Burgen in Gymnich, Lechenich oder Brühl hat der Weg auch neue Landschaften zu bieten: Natur ›aus zweiter Hand‹.

Denn im Norden der Ville diktierte und diktiert der Braunkohlenabbau das Geschehen. Deshalb haben die ersten Kilometer einen Hauch von ›sentimental journey‹: Immerhin verschonen die Bagger ja südlich des Otto-Maigler-Sees nicht nur den traurigen Ziegelbau-Rest des ehemaligen Klosters Mariabrunn, sondern auch ein Stückchen Altbestand des hiesigen Walds. Die kräftigen Buchen und Eichen darin geben einen eigenen Kommentar zu den Pioniergehölz-Stangen unmittelbar am ›See‹-Ufer.

Mit Gymnich, wegen der Staatsempfänge bekannt aus Funk und Fernsehen, stoßen wir auf den ersten und gleich einen exquisiten Schloßbau dieser Tour, dessen erhaltener englischer Landschaftsgarten eine zusätzliche Attraktion bietet. Ein wenig Mittelalter empfängt uns dann in Lechenich, wenn auch die Taten des Dombaumeisters Ernst Friedrich Zwirner diesem Eindruck kräftig nachgeholfen haben. Er ließ um 1865 die beiden Stadttore neogotisch herausputzen, das gleiche verfügte er für den Neubau des Rathauses.

Noch heute läßt der Ortskern die Anlage einer mittelalterlichen kölnischen Festungsstadt erkennen, ihren Umriß zeichnen die Wassergräben. Auch die mächtige und wehrhafte Landesburg imponiert selbst als Ruine. So geschichtsgesättigt empfindet es der Radfahrer möglicherweise sogar als Privileg, endlich Bliesheim kennenzulernen, das für ihn bisher nur der Name eines Autobahnkreuzes war. Vor allem der pittoresken Alten Schmiede sollte er einen Blick gönnen. Vor dem Fachwerkhaus von 1799 (Franken-/Merowingerstraße) steht ein überlebensgroßer Holzkruzifixus, der etwa 500 Jahre alt ist.

Dann aber geht es hinein in den Staatsforst Ville. Tatsächlich ist dieser Teil des Braunkohlereviers dem Wald vorbehalten. Und obwohl die Rekultivierungsgebiete aus der Vogelschau ihre Entstehung am Reißbrett noch immer nicht verleugnen können, gewinnt jetzt zweifellos die Natur an Boden und die Landschaft ein Gesicht. Gut 60 Jahre sind es her, als die Erde hier so wüst und leer lag, wie sie das weiter nördlich noch immer tut. Dabei lagen die Flöze so nahe an der Oberfläche, daß sich der Anfall von ›Abraum‹ in Grenzen hielt.

Die meisten Besucher im Wald-Seen-Areal zieht es an die Wasserflächen. Etliche dieser ehemaligen Gruben stehen heute unter Naturschutz, weil sie einigen gefährdeten Tierarten Lebensraum bieten. Dazu gehört auch das Granatauge, eine Kleinlibelle, die geduldigen Naturfreunden nun wirklich schöne Augen macht. Selbst Kreuz- und Wechselkröten, beide äußerst rar gewordene Amphibien, lassen sich hier hören und (seltener) sehen. Eigentlich sind sie ja in den Flußauen zu Hause, doch offenbar ziehen sie heute die künstlichen Seen ihrer unwirtlich gewordenen Heimat vor.

Wenn trotz aller Freude über so viel unverhofftes Leben doch ein Bauwerk den guten Schluß machen soll, dann nur, weil Burg Kendenich so markant über die ausgeräumte Köln-Bonner Ackerebene blickt. Eine Allee führt sacht steigend auf die Anlage zu, deren dreiflügelige Vorburg dem Herrenhaus den landschaftsprägenden Akzent überläßt. Eigentlich ist dieses spätbarocke, über quadratischem Grundriß errichtete Herrenhaus ein Hausturm von einiger Wucht, aber derart gefestigt trotzt es sich der Umgebung um so besser.

Linke Seite: Schloß Gymnich
Oben: Brühl, Augustusburg
Unten: Statue im Park von Schloß Gymnich

ROUTE 25

1 Otto-Maigler-See in ehemaliger Braunkohlengrube

2 Erftstadt-Gymnich: Schloß Gymnich, Wasseranlage des 17./18. Jh. mit Haupt- und Vorburg, englischer Landschaftsgarten

3 Abstecher Burg Konradsheim: bedeutendstes Zeugnis des rheinischen Burgenbaus im ausgehenden Mittelalter bzw. der frühen Neuzeit

4 Lechenich: Stadtbefestigung mit Stadttoren und Landesburg (s. S. 105)

5 Staatsforst Ville mit Villeseen (s. S. 105)

6 Brühl: Schlösser Augustusburg und Falkenlust gehören mit barocken Gartenanlagen zu den schönsten Deutschlands (18. Jh.)

7 Hürth-Kendenich: Burg Kendenich (s. S. 105), Spätbarock

Wegverlauf: Hürth-Burbach (km) – Berrenrath (2) – Brüggen (4) – Gymnich (3) – Lechenich (7) – Bliesheim (8) – Pingsdorf (6) – Brühl (2) – Vochem (3) – Kendenich (2) – Hürth-Burbach (3)

Länge: Rundkurs, ca. 40 km

Schwierigkeitsgrad: Mittel, einige Steigungen bei Überquerung der Ville

1 km
1:75000

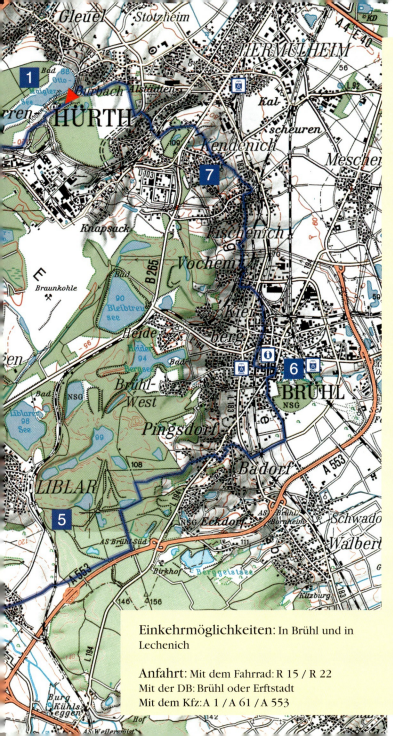

Die Tour:

Die Tour startet in **Burbach** und führt vorbei an **Otto-Maigler-See** und Klosterburbach auf die L 495. Hier nach rechts, an der Autobahnunterführung wieder rechts. Durch die Berrenrather Börde geht es nach Kerpen-Brüggen und geradeaus auf der K 23 nach **Gymnich**. Rechter Hand das Schloß. Am Ortsende von Gymnich links ab und über die Felder immer geradeaus (die Abzweigung nach Konradsheim links kreuzen), an der nächsten Gabelung links halten, bis zur L 263. Hier links auf **Lechenich** zu, am Ortsrand links, dann rechts, an der Kapelle vorbei zur L 162. – Links liegt die **Burg Konradsheim** –, rechts geht die Tour weiter, dann nach links, an der Burgruine vorbei und am Rotbach entlang. Die L 263 kreuzen, an der nächsten Querstraße rechts ab zur L 162. Hier hält man sich links, am Ortsanfang von Ahrem verläßt man die Landstraße nach links und fährt am Mühlenbach entlang bis zum Ortsende. Hier links, den Mühlenbach passieren, wieder links, dann rechts über den Laacherhof. Über Wirtschaftswege fahrend und die A 61 querend, gelangt man nach Erftstadt-Bliesheim. Erft und Liblarer Mühlengraben überqueren, dann rechts und wieder links, weiter geradeaus in den **Staatsforst Ville**. Ein Stück geht es an der Autobahn entlang, am nächsten Querweg links, am Villenhofer Maar rechts, links, wieder rechts und geradeaus durch Pingsdorf bis zur L 194. Die Straße kreuzen, dann links, wieder rechts, die L 183 überqueren, an der Haltestelle vorbei über die Schienen bis zur nächsten Querstraße. Hier nach links zum **Schloß Augustusburg**. Die Tour führt zurück zu den Gleisen und weiter parallel zur Gleisanlage durch **Brühl**. Die L 183 kreuzen und weiter bergan nach Vochem. Über Fischenich, **Kendenich** und Alstädten zurück an den **Otto-Maigler-See**.

Einkehrmöglichkeiten: In Brühl und in Lechenich

Anfahrt: Mit dem Fahrrad: R 15 / R 22
Mit der DB: Brühl oder Erftstadt
Mit dem Kfz: A 1 / A 61 / A 553

Info: Brühl-Info, Uhlstraße 3,
Tel.: 02232/79-345, Fax: 02232/48051

Von der Ville an den Rhein

Der Zug zum Höheren

Von Bornheim aus führt diese Tour ein kleines Stück rheinabwärts und dann bergan in die Ville zu den Burgen von Sechtem. Zurück geht es über Walberberg.

Zuerst und zur Eingewöhnung geht es ein wenig bergab. Von Bornheim nämlich nach Hersel und Widdig. Aber das ist auch aus ästhetischen Gründen der richtige Weg. Denn nur aus der Tiefe der Bucht heraus gibt sich die Ville in ihrer ganzen Sehens-Würdigkeit zu erkennen. Ob als scharf gezeichnete Silhouette im Gegenlicht oder als voll ausgeleuchteter Anstieg: Dieser Höhenzug ist ein landschaftlicher Charakterkopf ohnegleichen.

Auch die Rheinpromenade zwischen Hersel und Widdig hat ja ihre Reize, übrigens gleichfalls für Fußgänger. Die erinnern sich wehmütig an die Zeiten, als sie noch keine Radfahrer durch schrilles Klingeln aus dem Weg scheuchten. Bemühen um friedliche Koexistenz ist schon deshalb angebracht, weil sich am Stromufer hin und wieder doch das genauere Hinsehen lohnt. Als besondere Attraktion muß die Gelbe Wiesenraute gelten, eine kräftige Staude mit filigranen Blüten. Die typische Auenwaldpflanze hält hier die Stellung, obwohl von ihrem eigentlichen Lebensraum nur ein paar kümmerliche Weidenbüsche übriggeblieben sind.

Doch nun hinauf auf die Ville! Ein eigentümlicher Höhenzug, wie gesagt, eine naturräumliche Autorität. Auf jeder Karte macht sie dem Senkungsfeld der Niederrheinischen Bucht einen präzisen Strich durch die Rechnung, zwingt die Geographen zu einer Untergliederung in östlich und westlich. Östlich des Höhenzugs also erstrecken sich die Köln-Bonner Ackerebenen, westlich dehnt sich die Jülich-Zülpicher Lößbörde aus. Von Osten aber steigt die Ville deutlicher an, als sie nach Westen abfällt. Insgesamt sind es 110-120 m Höhendifferenz, die vom Rhein her bewältigt werden müssen.

Noch in der Ebene beziehungsweise am Hangfuß liegen Sechtem und Walberberg. Schon diese beiden Orte zeigen: Die Gegend hier ist Burgenland, Sechtem kann heute noch mit zwei Nachfolgern ehemaliger Wehranlagen aufwarten. Die Graue Burg erhielt allerdings im 18., die Weiße Burg sogar erst im 19. Jh. das zivilere Gesicht eines Herrenhauses. Die Rheindorfer Burg in Walberberg ist heute Teil des hiesigen Dominikanerklosters, das immer einmal wieder durch Weitergabe der göttlichen Ratschläge an konservative Politiker und Manager von sich reden macht.

Walburga, die Patronin der heutigen Pfarrkirche, hat auch dem Ort Walberberg den Namen gegeben. Um 1060 kamen ihre Reliquien hierher, nicht ohne die Gründung eines Zisterzienserklosters nach sich zu ziehen. Davon steht heute einzig noch die Klostermauer, das Gotteshaus ist im wesentlichen ein Neubau von 1960.

Immerhin ein wenig älter ist der Berggeistsee, der seine Entstehung dem Braunkohleabbau verdankt. Er wurde (teilweise) unter Schutz gestellt, weil ihn die Natur wieder zurückerobert hat. Röhrichte und Wasserpflanzen laden die Vögel ein, ja sogar die Rote-Liste-Amphibien Wechselkröte und Springfrosch sind schon gesichtet worden.

So weit, so gut. Nur kaum einer müht sich ja auf einen Höhenzug ohne Aussicht auf einen Fernblick. Was aber böte sich da mehr an als die Rast im rühmlich bekannten ›Heimatblick‹? Und wären Radfahrer nicht Verkehrsteilnehmer, welche Empfehlung läge näher als die eines Schoppens Brombeerwein mit dem vielversprechenden Namen Rebellenblut? Der hat schon manchem das prächtige Panorama hier oben verdoppelt.

Linke Seite: Kitzburg in Walberberg
Oben: Merten, St. Martinskirche
Unten: Walberberg, Dominikanerkloster mit Rheindorfer Burg

Wegverlauf: Bornheim (km) - Hersel (4) - Widdig (3) - Sechtem (6) - Walberberg (3) - Merten (8) - Waldorf (3) - Bornheim (8)

Länge: Rundkurs, ca. 35 km

Schwierigkeitsgrad: Mittel, Steigungen am Vorgebirgshang

Einkehrmöglichkeiten: In Bornheim, Hersel, Widdig und am Berggeistsee

Anfahrt: Mit dem Fahrrad: FR 17 / FR 22
Mit der DB: Roisdorf
Mit dem Kfz: A 555

Die Tour:
Die Tour startet am Rathaus an der Bonner Straße zwischen **Bornheim und Roisdorf** in Richtung Bonn. Vor dem Friedhof links in den Widdinger Weg. Hinter der Bahnkreuzung rechts auf den Feldweg (Maarpfad). An der zweiten Möglichkeit nach links, vorbei an den Auskiesungsflächen und unter der Autobahn hindurch geradeaus in die Ortsmitte von **Hersel**. Man biegt nach rechts ab auf die Rheinstraße, nach 300 m links in die Bayerstraße. An der Rheinaue schwenkt die Bayerstraße nach links am Sportplatz vorbei, dann geht es auf dem Leinpfad bis **Widdig**. Hier links auf die Schweizstraße, wieder links in die Römerstraße, rechts in die Germanenstraße und weiter geradeaus auf Sechtem zu. Hinter dem Wäldchen Eichenkamp stößt man auf die Geländekante zwischen der Nieder- und Mittelterrasse des Rheins. Man biegt nach rechts auf den Weg parallel zur L 192, überquert diese nach 1 km und fährt 300 m wieder zurück, dann nach rechts auf den Pickelshüllenweg und weiter nach **Sechtem**. 500 m hinter der Bahnkreuzung links abbiegen, die Breslauer Straße kreuzen, in die Pickelsgasse einfahren, dann links in die Lüddigstraße und rechts auf die Kaiserstraße.

Dieser folgt man bis zur Verbindungsstraße Keldenich-Walberberg, fährt dann links, hinter dem Bahnhof **Walberberg** wieder links auf die Hauptstraße und rechts auf den Franz-von-Kampis-Weg. Die Tour führt nun zur Kitzburg und folgt von hieraus rechts dem Straßenverlauf durch Walberberg. Am Ortsende links auf die Coloniastraße, dann umfährt man den **Berggeistsee** und gelangt südlich des Sees rechts über den Klüttenweg durch den Wald nach Merten. Auf der Höhe des Vorgebirgshanges schwenkt man rechts über den Rüttersweg an der **Burg**

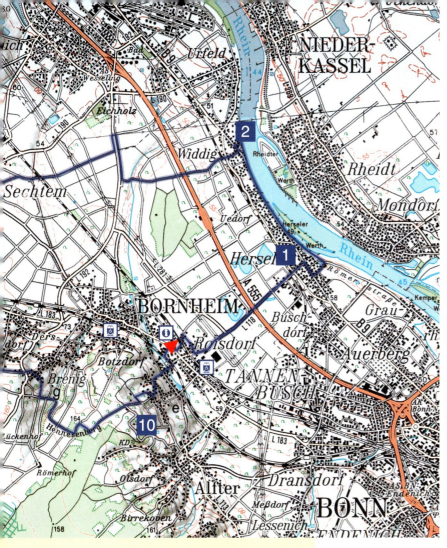

1. Bornheim Hersel: Ägidiussaal, Saalkirche von 1744 mit Ostturm; Herseler Werth, Rheininsel mit schönem Bestand an Walnußbäumen

2. Widdig: Rheinterrassen; Fachwerkbau (hinter Betonbau) mit guter Sicht auf den Rhein

3. Sechtem: Weiße Burg (s. S. 109)

4. Sechtem: Graue Burg (s. S. 109)

5. Walberberg: Kitzburg, Herrenhaus mit Park, heutige Anlage 18. Jh.

6. Walberberg: Kath. Pfarrkirche St. Walburgis (s. S. 109)

7. Walberberg: Dominikanerkloster mit Rheindorfer Burg (s. S. 109)

8. Berggeistsee (s. S. 109)

9. Rösberg: Schloß, Neubau von 1731 nach Plänen des berühmten Barockarchitekten Johann Conrad Schlaun

10. ›Heimatblick‹ (s. S. 109)

1 km
1 : 75 000

Rösberg vorbei und weiter über Rösberger Straße und Heerweg bis zum Wasserturm von Brenig. Hier die L 182 kreuzen und über Wirtschaftswege auf den Hennessenberg fahren. Rechts des Weges liegt das Ausflugslokal ›**Heimatblick**‹. Über die Essener Straße, den Oberdorfer Weg, Ehrental und die Siegesstraße durch **Roisdorf**. Am Vorgebirgsbahnhof links ab zur Wolfsburg, dann rechts durch das Neubaugebiet zurück zum Ausgangspunkt.

Info: Stadt Bornheim, Rathausstraße 2, 53332 Bornheim,
Tel.: 0 22 22/9 45-0, Fax: 0 22 22/9 45-1 26

Durch den Kottenforst

Waldgeschichten

Diesmal geht es durch den Kottenforst. Das ist immerhin ein Wald, der auf gut 1000 Jahre urkundliche Erwähnung zurückblicken kann. Am Wege liegen aber auch einige Kulturdenkmäler aus den unteschiedlichsten Epochen rheinscher Geschichte.

Es sind längst nicht immer die bravourösesten Kunstwerke, um die sich die sagenhaftesten Geschichten ranken. Der Eiserne Mann im Kottenforst zum Beispiel ist nur eine Metallsäule, die etwa 1/4 m aus dem Boden ragt. Während der Römerzeit, heißt es unter anderem, tobte hier eine blutige Schlacht, die einem römischen Feldherrn das Leben gekostet habe. Seine Soldaten ehrten das Andenken des Kriegshelden mit einer eisernen Säule. Was wunder, wenn der tote Heide sich beim christlichen Mittagsläuten dreimal im Grabe umdreht und so seine Stele zum Tanzen bringt?

Leider sprechen die Fakten gegen die Fabel. Ein schlichter Eisenbarren ist dieser Eiserne Mann, mutmaßlich gegossen im 17. Jh. Er hat ein T-förmiges unteres Ende, das ihn im Boden regelrecht verankert und seinen heutigen Standort verdankt er den wahrhaft raumgreifenden Planungen des Kölner Kurfürsten Clemens August. Der Barren diente als Meßpunkt im Wegenetz zwischen seinen Schlössern Brühl und Röttgen. Damit sind wir bei der Geschichte des Kottenforsts.

Am 25. Juli 973 erwähnt ihn eine Urkunde Kaiser Ottos II. zum erstenmal. Dem Kottenforst widerfährt an diesem Tag das Schicksal vieler Wälder: Er geht aus der Hand des Herrschers faktisch in den Besitz der Kirche über. Otto zielt mit solcher Stärkung der Reichskirche auf die Schwächung der weltlichen Herren. Bekanntlich können geistliche Fürsten keine dynastische Politik treiben ...

Für einen Mann der Kirche war der Wittelsbacher Clemens August von bemerkenswert leidenschaftlicher Natur. Zu seinen besonderen Leidenschaften gehörte das Jagen und Bauen. Beide ließen sich im Kottenforst trefflich miteinander verbinden.

Soweit es die Nachwelt angeht, hat die Bauwut des Wittelsbachers im Kottenforst allerdings vergeblich getobt. Dabei hatte sich der Bauherr sein Röttgener Schloß Herzogsfreude die stolze Summe von 80 000 Talern kosten lassen. Doch schon 1807 rissen die Franzosen den einstigen Prachtbau ab, um seine Steine ausgerechnet der Festung Wesel einzuverleiben. Hcute hallt der Kottenforst nicht mehr wie einst zu Clemens Augusts Zeiten vom Lärm einer Parforcejagd wider. Dafür sorgt jetzt die Autobahn 565 für einen ständig hohen Geräuschpegel. Sie bricht den Wald in seiner Mitte auf, an ihren Rändern - aber keineswegs nur dort - siechen die Eichen und Buchen.

Immerhin nennt der Kottenforst auch heute noch prächtige Baumgestalten sein eigen, wie es ihm auch an idyllischen Partien nicht fehlt. Es liegt also nahe, die Fahrt durch diesen Wald mit einer Legende ausklingen zu lassen, zumal wir sagenhaft begonnen haben. 1190 also stieß ein Ritter namens Wilhelm Schilling auf ein Madonnenbild zwischen den Bäumen. Der Ritter wußte sofort, was hier zu tun war. Schilling stiftete gleich ein ganzes Kloster, in das 1197 Prämonstratenserinnen Einzug hielten. Die 1805 säkularisierte Niederlassung ist heute nurmehr ein schlichtes Hofgut (Capellen bei Dünstekoven). Das Gnadenbild aber kam nach Buschhoven: Dort schmückt die sogenannte Rosenkranzmadonna, ein etwas derbes Schnitzwerk vom Ende des 12. Jh., die katholische Pfarrkirche St. Katharina.

Linke Seite: Bahnhof Kottenforst
Oben: Im Kottenforst

ROUTE 27

1. Eiserner Mann (s. S. 113)
2. Alfter-Buschhoven: Kath. Pfarrkirche St. Katharina mit Rosenkranzmadonna (s. S. 113)
3. Abstecher Bonn-Röttgen: Platz des ehemaligen Jagdschlosses Röttgen

1 km
1:75 000

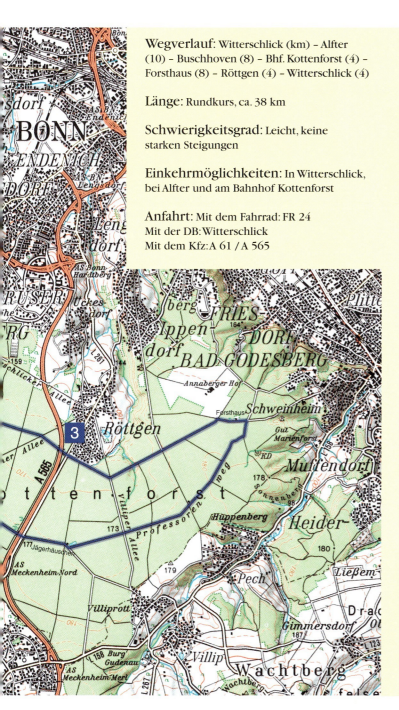

Wegverlauf: Witterschlick (km) – Alfter (10) – Buschhoven (8) – Bhf. Kottenforst (4) – Forsthaus (8) – Röttgen (4) – Witterschlick (4)

Länge: Rundkurs, ca. 38 km

Schwierigkeitsgrad: Leicht, keine starken Steigungen

Einkehrmöglichkeiten: In Witterschlick, bei Alfter und am Bahnhof Kottenforst

Anfahrt: Mit dem Fahrrad: FR 24
Mit der DB: Witterschlick
Mit dem Kfz: A 61 / A 565

Die Tour:
Vom Bahnhof **Witterschlick** aus fährt man zur Hauptstraße und von dort über die Buschhovener Straße und den Lülsbacher Weg an den Westrand von Witterschlick. Man folgt dem Weg bis zur Schmalen Allee, wendet sich dann nach rechts und fährt weiter geradeaus. Die B 56 kreuzen und nach ungefähr 1,5 km rechts abbiegen. Über den Waldlehrpfad und den Kompelsbrücker Weg geht es zum Parkplatz Am Herkenbusch. Weiter fährt man über die Wege Am weißen Licht, Neuer Weg, Zum Sängerkreuz, Auf der Rott und dem Olsdorfer Weg zum Parkplatz Am Lohheckenweg. Hier links auf den Neuen Weg abbiegen und weiter geradeaus, am **Eisernen Mann** vorbei, bis kurz vor das Waldende. Hier biegt man links ab, fährt geradeaus am Forsthaus vorbei und dann über die Brücke nach **Buschhoven**. Weiter geht es an der Kirche vorbei, dann nach links zu den Tennisplätzen und wieder rechts auf dem Jagdweg zur K 54, auf die man links zum Bahnhof Kottenforst abbiegt. Den Bahnhof passieren und am Parkplatz nach rechts. Der Weg führt nun geradeaus, unter der Autobahn hindurch und über die Meckenheimer Allee (L 261), zum Jägerhäuschen und auf dem Professorenweg weiter bis zum Forsthaus. Hier links abbiegen und auf der Schmalen Allee zunächst geradeaus, dann halbrechts, am südlichen Ortsrand von **Röttgen** vorbei, zurück zur Meckenheimer Allee. Rechts liegt das ehemalige Jagdschloß Röttgen. Geradeaus geht es weiter auf dem Rulandsweg nach Heidgen. Am Ortsanfang biegt man rechts ab und fährt an Obstplantagen vorbei auf Witterschlick zu. Die Tour führt, über die Esser-, die Servaisstraße und an den Servaiswerken vorbei wieder zurück zum Bahnhof in **Witterschlick**.

Info: Gemeinde Alfter,
Am Rathaus, 53347 Alfter,
Tel.: 02 28/64 84-0, Fax: 02 28/64 84-1 19

115

Lokalitäten in Bonn

Mehr als eine Hauptstadt

Über Kennedybrücke und Pützchen geht es hinauf zum Ennert, bevor der Weg wieder an den Rhein führt. Auf der anderen Rheinseite laden Rheinpark und Poppelsdorfer Schloß zu einen Besuch ein.

Im Mineralogisch-Petrologischen Museum der Universität Bonn, das im Poppelsdorfer Schloß untergebracht ist, liegen wohlverwahrt die schönen Olivine des Finkenbergs. Der Finkenberg selbst ist nurmehr ein erbärmlicher Stumpf. Vom Ennert können wir auf diesen geschleiften Vorposten des Siebengebirges herunterschauen.

Doch es gibt auf dieser Tour auch schönere Ausblicke. Deshalb kann es nicht schaden, die Augen mit dem Wasser des Adelheidis-Brunnens in Pützchen zu waschen. Dort steht der Radwanderer dann sozusagen an der Quelle des größten rheinischen Volksfests. Der wundertätige Brunnen gab Anlaß zur Wallfahrt und die wiederum zu Pützchens Markt. Gegenüber diesem weltlichen Rummel berührt die Abgeschiedenheit des Brunnens sympathisch.

Verschnaufen wir noch ein wenig auf dem Ennert, zumal der lange Anstieg solide Beinarbeit gefordert hat. Die Mühen werden belohnt durch ein prächtiges Rheinpanorama und einen schönen Blick aufs Siebengebirge. Andacht ist da kaum fehl am Platze, und so ließ 1820 der Kölner Schnupftabakfabrikant Heinrich Josef Foveaux den Ort nicht einfach mit einer Aussichtshütte, sondern gleich mit einem kleinen Tempel würdigen.

Beinahe das gleiche Schicksal hätte die Kommende Ramersdorf ereilt, die dem Autobahnkreuz Bonn-Ost im Weg war. Seit 1885 ist dieser ehemalige Verwaltungsmittelpunkt des Deutschritterordens jedenfalls in den Hauptgebäuden nurmehr ein Nachhall der Rheinromantik, doch blieb vom ersten Bau aus der Zeit um 1240 das spätromanische Eingangstor erhalten.

Natürlich darf auch in Bonn eine Fahrt rheinauf am rechten und wieder rheinab am linken Stromufer nicht fehlen. Es geht ja unter anderem durch den Rheinauepark, das Filetstück unter den hiesigen Grünflächen und dann kreuzt man die Adenauerallee. Auf dieser wirbt die imposante Architektur gleich dreier Museen um einen Zwischenstopp: Zur Linken liegt das Haus der Geschichte, zur Rechten liegen das Kunstmuseum Bonn und die Bundeskunsthalle.

Beim Poppelsdorfer Schloß Clemensruhe treten Kunst und Natur als Verbündete auf. Den Namen verdankt es seinem kurfürstlichen Bauherrn Clemens August, dessen Lust auf Paläste bekanntlich unersättlich war. Leider ist sein Gartenschloß aus den Kriegsruinen nur vereinfacht wiederauferstanden. Aber auch heute überzeugt der Einfall des Architekten Robert de Cotte, der Vierflügelanlage ein kreisrundes, arkadengesäumtes Innenhof-Zentrum zu geben.

Zum Schloß gehört ein Garten, den seit 1819 die Botaniker der Bonner Universität unter ihren Fittichen haben. Sie machen in den Beeten vegetationskundliche Zusammenhänge sinnfällig, ja manchmal läßt sich durch bloße Nachbarschaft die familiäre Verbundenheit zwischen einheimischen Mauerblümchen und mediterraner Blütenpracht nachvollziehen. Auch die exotischen Wunder in den Gewächshäusern haben manchen recht nahen Verwandten unter den bodenständigen Arten.

Der Gründer dieses Gartens, Professor Gottfried Christian Nees von Esenbeck, pries die noch junge Pflanzenkunde als »scientia amabilis«, als ›liebenswerte Wissenschaft‹. Und zumindest um Schloß Clemensruhe hat sie diese Anmut bewahrt.

Linke Seite: Bonner Schloß, Universität
Oben: Poppelsdorfer Schloß
Unten: Bonn, Rheinaue

1. Bonn-Pützchen: Kath. Pfarrkirche St. Adelheidis mit Adelheidisbrunnen (s. S. 117)
2. Ennert (s. S. 117): Aussichtsberg von Bonn
3. Kommende Ramersdorf (s. S. 117)
4. Oberkassel: Kath. Pfarrkirche St. Cäcilia mit romanischem Chorturm um 1200
5. Rheinauenpark
6. Regierungsviertel und Museumszeile mit Haus der Geschichte, Bundeskunsthalle und Kunstmuseum Bonn
7. Poppelsdorf: Schloß Clemensruhe und Botanischer Garten (s. S. 117)

Wegverlauf: Kennedybrücke (km) – Pützchen (4) – Niederholtorf (3) – Ramersdorf (3) – Niederdollendorf (4) – Freizeitpark Rheinaue (4) – Kennedybrücke (7)

Länge: Rundkurs, ca. 25 km

Schwierigkeitsgrad: Leicht, aber Anstieg von Pützchen nach Niederholtorf

Einkehrmöglichkeiten: In Bonn und am Rheinufer

Anfahrt:
Mit dem Fahrrad: R 17 / R 19 / R 22
Mit der DB: Bonn Hbf
Mit dem Kfz: A 59 / A 555 / A 565

Fährverbindung: Autoschnellfähre Bad Godesberg–Niederdollendorf, Tel.: 02 28 / 36 22 37, erste Fähre ab Godesberg 6 Uhr, sonn- feiertags 8 Uhr, letzte Fähre ab Godesberg 21.45 Uhr, ab Niederdollendorf 21.50 Uhr.

Die Tour:

Die Tour startet an der **Kennedybrücke** und führt zunächst über den Rhein. Am Konrad-Adenauer-Platz links und an der dritten Querstraße rechts. Jetzt geht es geradeaus auf der Pützchens Chaussee zum Ortsteil **Pützchen** und von dort auf den **Ennert**. An den Parkplätzen fährt man auf Niederholtorf zu, biegt an der Straße Am Waldrand rechts ab, am nächsten Querweg wieder rechts. Man passiert die Oberkasseler Straße und fährt, dem Tourenverlauf folgend, durch das Waldgebiet. Nach Unterquerung der A 59 befindet man sich auf der Holzgasse, links liegt die **Kommende Ramersdorf**, weiter geht es links in die Lindenstraße, rechts auf die Oberkasseler Straße und auf dieser bis zur Autobahnauffahrt. Hier links und weiter auf dem FR 19 am Rhein entlang an **Oberkassel** vorbei bis zur Fähre in Niederdollendorf. Hier setzt man über. Auf der anderen Seite fährt man zunächst entlang dem Von-Sandt-Ufer, hält sich dann links und gelangt so über die Turm- und die Martin-Luther-King-Straße in den **Freizeitpark**

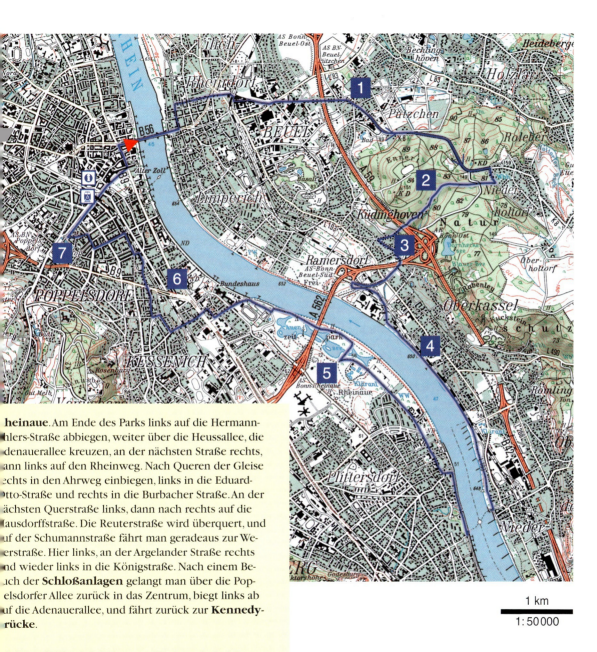

heinaue. Am Ende des Parks links auf die Hermann-
hlers-Straße abbiegen, weiter über die Heussallee, die
denauerallee kreuzen, an der nächsten Straße rechts,
ann links auf den Rheinweg. Nach Queren der Gleise
echts in den Ahrweg einbiegen, links in die Eduard-
tto-Straße und rechts in die Burbacher Straße. An der
ächsten Querstraße links, dann nach rechts auf die
ausdorffstraße. Die Reuterstraße wird überquert, und
uf der Schumannstraße fährt man geradeaus zur We-
erstraße. Hier links, an der Argelander Straße rechts
nd wieder links in die Königstraße. Nach einem Be-
ch der **Schloßanlagen** gelangt man über die Pop-
elsdorfer Allee zurück in das Zentrum, biegt links ab
uf die Adenauerallee, und fährt zurück zur **Kennedy-
rücke**.

1 km

1 : 50 000

Info: Amt für Wirtschaftsförderung und Tourismus der Stadt Bonn,
Mülheimer Platz 1, 53103 Bonn, Tel.: 02 28/77 39 22 + 77 45 96,
ax: 02 28/77 31 00; Tourist-Information Cassius-Bastei, Münsterstraße
20, 53103 Bonn, Tel.: 02 28/77 34 66

Im Siebengebirge

Vom Reiz der Ruinen

Hinauf zum Kloster Heisterbach und zur Margarethenhöhe bis nach Aegidienberg muß der Radwanderer schon um die 280 Höhenmeter bewältigen, ehe er durchs idyllische Mucher Wiesental wieder an den Rhein gelangen kann.

»Tausend Jahre sind vor Gott wie ein Tag, der gestern vergangen ist, und wie eine Nachtwache.« Über diesem Bibelwort gerät ein Mönch von Heisterbach bekanntlich derart ins Grübeln, daß er weder seines Wegs noch der Tageszeit achtet. Erst als die Glocke wieder zum Gebet ruft, eilt er zum Kloster zurück. Dort aber kennt er niemanden, und niemand kennt ihn. Aus der Klostergeschichte erfährt er dann seine eigene: wie vor 300 Jahren ein Mönch Heisterbach verlassen und kein Bruder je etwas über seinen weiteren Verbleib in Erfahrung gebracht habe.

Niemandem wird es heute mehr so ergehen wie dem Mönch von Heisterbach. Aber daß eine Siebengebirgstour - obwohl das Siebengebirge heute nicht mehr so aus der Welt und aus der Zeit ist - an Kloster Heisterbach vorbeiführt, versteht sich fast von selbst. Zwar ist die ehemalige Zisterzienser-Niederlassung großenteils Ruine. Doch die Chorapsis der Klosterkirche - sie blieb erhalten. In ihrer überaus malerischen Zerfallenheit war sie ein Sehnsuchtsmotiv der Romantiker.

Aber so sehr das Gemäuer die Herzensergießungen herausfordern mochte, was zerfällt, zerfällt eben immer weiter. Darum sah sich die Denkmalpflege genötigt, dem Rad der Zeit kühn in die Speichen zu greifen. Jetzt ist die Chorapsis eigentlich keine Ruine mehr, sondern eher ein Bauteil. Solide, sauber geschnittene Quader sichern die historische Bausubstanz nach Westen, die markanten Säulen des Chorumgangs verdanken ihre Wohlerhaltenheit ebenfalls der jüngsten Restaurierung. Immerhin dürfte nun diese einzigartige Architektur der frühen Gotik für die Nachwelt gerettet sein.

Wenige Meter talaufwärts und nur an der anderen Straßenseite liegt der Große Weilberg. Auch diese Erhebung ist eine Ruine, und sie steht der Heisterbacher an Großartigkeit nicht nach. Nur führt der ehemalige Steinbruch gleich um Jahrmillionen in die Erdgeschichte zurück: Meist geht sie ja ihren Gang ganz gemächlich, aber vor 30 Millionen Jahren ließen die Ereignisse an Dramatik nichts zu wünschen übrig. Schon ein Ausbruch hatte stattgefunden, als in seinen Trachyttuff noch einmal Lava aus dem Erdinneren eindrang.

Doch konnte sie den Tuff nur aufwölben, nicht durchstoßen. Trotzdem hat diese Schmelze dem älteren Gestein den Stempel ihrer glutflüssigen Dynamik aufgedrückt, hat es rot gebrannt, wo immer sie mit ihm in Berührung kam. Die Lava erstarrte dann zu jenen fünf- bis sechseckigen Basaltsäulen, die dem Steinbruch zu Füßen des Betrachters die eindrucksvolle Textur geben. Aber selbst durch diesen Basalt führt noch einmal ein jüngerer Gang aus dem gleichen Gestein. Sein Endtrichter zeichnet sich einige Meter oberhalb im Tuff ab.

Übrigens bietet diese Radwanderung an ihrem östlichen Zipfel sogar Gelegenheit, das Siebengebirge (mit seinen bedeutend mehr als sieben Bergen) von ›hinten‹ zu betrachten. Später, wenn die Fahrt durchs lauschige Mucher Wiesental und die Rheinüberquerung hinter uns liegen, wird sich dann wieder das vertraute Panorama weisen.

Linke Seite: Rhein gegen Drachenfels
Oben: Ruine Heisterbach
Unten: Lungenkraut

ROUTE 29

1 Königswinter-Niederdollendorf: Kath. Pfarrkirche St. Michael, spätromanischer Chorturm

2 Kloster Heisterbach mit Chorruine der Abteikirche (s. S. 121)

3 ehemaliger Steinbruch Weilberg (s. S. 121)

4 ehemaliger Andesit-Steinbruch Stenzelberg (Eigentum des Klosters Heisterbach)

5 Aegidienberg: Kath. Pfarrkirche St. Aegidius mit romanischem Westturm und romanischem Taufstein aus Stenzelberger Andesit

6 Mucher Wiesental (s. S. 121)

7 Bad Honnef: Rheininseln Nonnen- und Grafenwerth

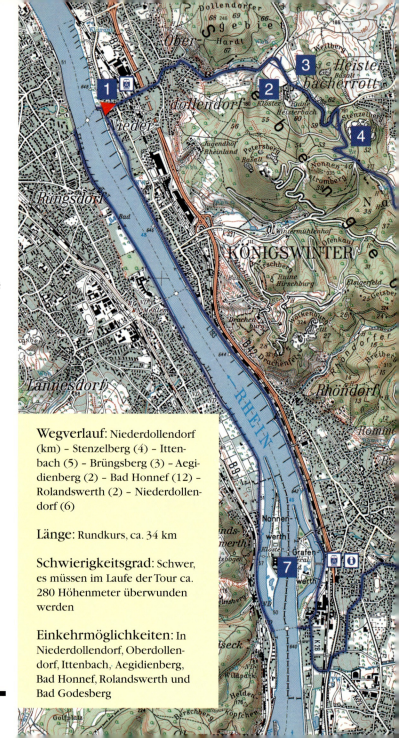

Wegverlauf: Niederdollendorf (km) – Stenzelberg (4) – Ittenbach (5) – Brüngsberg (3) – Aegidienberg (2) – Bad Honnef (12) – Rolandswerth (2) – Niederdollendorf (6)

Länge: Rundkurs, ca. 34 km

Schwierigkeitsgrad: Schwer, es müssen im Laufe der Tour ca. 280 Höhenmeter überwunden werden

Einkehrmöglichkeiten: In Niederdollendorf, Oberdollendorf, Ittenbach, Aegidienberg, Bad Honnef, Rolandswerth und Bad Godesberg

1 km
1 : 50 000

Anfahrt:
Mit dem Fahrrad: R 17 / R 19 / R 24
Mit der DB: Niederdollendorf
Mit dem Kfz: A 3 / A 59

Fährverbindungen: Autoschnellfähre Bad Godesberg–Niederdollendorf, Tel.: 02 28/36 22 37, erste Fähre ab Godesberg 6 Uhr, sonn- und feiertags 8 Uhr, letzte Fähre ab Godesberg 21.45 Uhr, ab Niederdollendorf 21.50 Uhr. Autofähre Bad Honnef–Rolandseck, ganzjährig viermal in der Stunde, werktags 6.30-21Uhr, feiertags 8-21 Uhr

Die Tour:
Der Parkplatz an der **Fähre Bad Godesberg–Niederdollendorf** ist der Ausgangspunkt dieser Radtour. Man fährt an der Kirche und am Bahnhof vorbei auf der Heisterbacher Straße nach Oberdollendorf und weiter in Richtung Heisterbacherrott. Am Stenzelberg nach rechts zur Margarethenhöhe abbiegen, linker Hand befindet sich der **Steinbruch Stenzelberg** – rechts führt ein Weg zurück zur Ruine **Kloster Heisterbach** – und weiter auf dem Radweg neben der L 331 durch Ittenbach. Kurz vor dem Ortsende biegt man rechts ab in die Logenbachstraße (K 26) und fährt weiter unter der Autobahn hindurch in den Ortsteil Brüngsberg. Hier rechts abbiegen und auf dem Radweg durch **Aegidienberg**. Am Ortsende führt der Weg rechts ab auf die Schmelztalstraße in Richtung Bad Honnef. Nachdem man an der Servatiuskapelle links abgebogen ist, folgt man dem Tourenverlauf über den Himmerich und durch das **Mucher Wiesental**. Im Ortsteil Selhof angekommen, geht es geradeaus weiter, und man folgt dem Straßenverlauf bis zur Linzer Straße. Hier links und nach 300 m rechts ab in den Floßweg. Am Straßenende biegt man rechts in den Pfannschuppenweg, kreuzt die B 42 nach links und fährt über die Lohfelderstraße zur Fähranlegestelle **Bad Honnef-Rolandseck**. Von hier führt die Tour je nach Belieben entweder rechts- oder linksrheinisch immer am Fluß entlang zurück zur Fähre **Bad Godesberg–Niederdollendorf**.

Info: Rhein-Sieg-Kreis, Referat Wirtschaftsförderung, Kaiser-Wilhelm-Platz 1, 53721 Siegburg, Tel.: 0 22 41/13-22 19 +13-23 90, Fax: 0 22 41/13-21 79; Verkehrsamt Stadt Bad Honnef, Hauptstraße 28, 53604 Bad Honnef, Tel.: 0 22 24/18 3-1 70

ROUTE 30

Rheinbacher Umland

Geschichte aus der Provinz

Eine Tour mit Licht und Schatten in die Umgebung von Rheinbach: Schatten spenden Kottenforst und Flamersheimer Wald, im vollen Licht liegt das alte Kulturland der Euskirchener Bucht. Über ihr verleiht die Tomburg einem landschaftlichen Charakterkopf ein noch markanteres Profil.

5. September 1797, ›an dem ewig denkwürdigen Tag in der Geschichte der Revolution‹: »Rheinbach wird das Muster der Völker Cisrhenaniens, das erste, wieder würdig, unter Hermanns [des Cheruskers, D. A.] Enkel zu zählen, es pflanzte den Baum der Freiheit und legte den Grund zur glücklichen Wiedergeburt der Völker auf dem linken Rheinufer.«

Geschehen war damals nicht mehr und nicht weniger, als daß sich »das freie Land Rheinbach« für unabhängig erklärte, sich also der Ketten einer feudalen Zwangsgemeinschaft namens ›Heiliges Römisches Reich Deutscher Nation‹ entledigt hatte. Nur blieb eben die Cisrhenanische Republik Episode. Ohnehin wäre den ›Freunden der Freiheit‹ die Vereinigung mit Frankreich lieber gewesen. Und diesen Wunsch erfüllte dann ja auch der Friede von Campoformio nur knapp sechs Wochen später.

Nun, von diesem Ruhmesblatt seiner Geschichte macht das heutige Rheinbach wenig Aufhebens. Es verweist lieber auf die unverfänglichen Fachwerkfassaden seiner Hauptstraße, sein bemerkenswertes Glasmuseum und die erhaltenen Teile seiner ehemaligen Stadtbefestigung.

Nur noch eine Ruine ist die Tomburg. Deshalb droht sie nicht mehr ganz so kühn über der Euskirchener Bucht, den bewaldeten Anstieg der Eifel im Rücken. Aber selbst ohne Burg würde sich der Berg einiger Aufmerksamkeit erfreuen, und sei es nur von seiten der Geologen. Dieser steile Basaltkegel ist nämlich das nördlichst gelegene Zeugnis des Eifel-Vulkanismus, genauer: seiner älteren, tertiären Periode.

Die Römer haben im Tomberg nur einen strategisch wichtigen Punkt gesehen. Spätere Landesherren machten sich die bevorzugte Lage gleichfalls zunutze. 1012 hielt hier Pfalzgraf Ezzo Herzog Dietrich von Oberlothringen gefangen, 400 Jahre danach war die Burg ein heftig umkämpfter Zankapfel zwischen Jülich und Köln. 1473 zerstört, wurde die Wehranlage nie wieder aufgebaut. Aber der Rundturm läßt selbst als dreigeschossiger Überrest die einstige Wucht ahnen.

Die Flora des Tombergs verrät einiges über den siedlungsgünstigen Platz im allgemeinen und die Bedürfnisse der Burginsassen im besonderen. Woher mag etwa das kleine Speierlingsvorkommen stammen? Sollten schon die Römer diesen raren Baum hier gepflanzt haben? Oder wußten erst die späteren Besatzungen der Wehranlage sein außerordentlich hartes Holz derart zu schätzen, daß sie auf einen Wuchsplatz in unmittelbarer Nähe Wert legten?

Charakteristische Burgpflanzen sind Bilsenkraut und Gefleckter Schierling. Ihre prominenten Rollen spielen diese beiden Giftgewächse ja meist außerhalb der botanischen Literatur. Doch wurden sie nicht nur zu Zwecken der Hinrichtung und des Meuchelmords eingesetzt, sondern auch als Betäubungsmittel. Daß eine Burgbesatzung stets mit schweren Blessuren rechnen mußte, leuchtet gerade im Fall der Tomburg und ihrer wechselvollen Geschichte ein. Auch von Feldzügen oder nur Scharmützeln konnten die Ritter schwerverletzt heimkehren. Sie mußten dann mit Schierlingssaft oft wochenlang in Trance gehalten werden, um die Schmerzen überhaupt ertragen zu können.

Linke Seite: Eifel, Rheinbacher Burg

1 Ruine Tomburg (s. S. 125)

2 Oberdrees: Kath. Pfarrkirche St. Ägidius, romanischer Chor (12. Jh.), Barockausstattung

3 Rheinbach: Historische Stadtbefestigung (s. S. 125); Glasmuseum mit Schwerpunkt Gläser des 16.-18. Jh., vor allem aus Böhmen, Di-Fr 10-12, 14-17 Uhr, Sa, So 14-17 Uhr

1 km
1 : 50 000

Wegverlauf: Rheinbach (km) – Wormersdorf (6) – Todenfeld (7) – Loch (6) – Oberdrees (8) – Rheinbach (4)

Länge: Rundkurs, ca. 31 km

Schwierigkeitsgrad: Mittel, einige starke Anstiege

Einkehrmöglichkeiten: In Rheinbach und in Kurtenberg

Anfahrt: Mit dem Fahrrad: R 24
Mit der DB: Rheinbach
Mit dem Kfz: A 61

Die Tour:
Die Tour startet am **Rheinbacher Bahnhof** und führt an den Gleisen entlang, die B 266 und die A 61 unterquerend, bis zur Verbindung zwischen Flerzheim und Wormersdorf. Hier biegt man rechts ab und fährt am Weiler Klein Altendorf vorbei nach Wormersdorf. Die Kirche rechts umfahren, nach links auf die B 266 abbiegen und dann

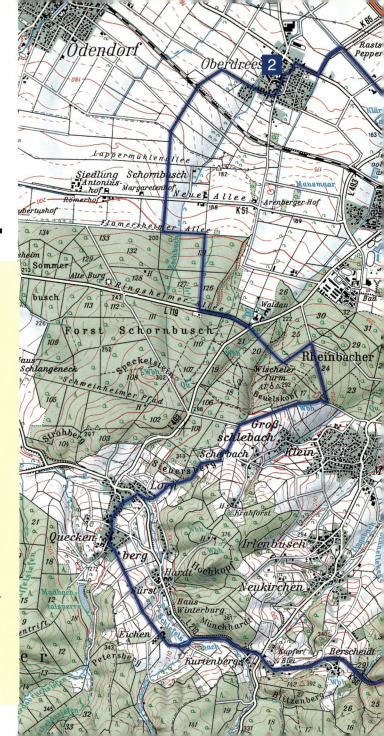

rechts hoch, an der **Ruine Tomburg** vorbei, bis zur Schutzhütte. Hier hält man sich links und weiter bergan nach Todenfeld. In Todenfeld stößt man auf die L 429, biegt hier rechts ab und nach wenigen Metern gleich wieder nach links. Die Tour verläuft nun geradeaus weiter über Berscheidt und Kurtenberg. Hinter Kurtenberg rechts hoch nach Eichen und an der Kapelle vorbei durch Queckenberg. Hinter dem Ort rechts halten, in Loch die Landstraße passieren, wieder rechts halten und nun dem Wegverlauf den Siebersberg hinauf folgen. Am Waldesrand entlang geht es weiter zum Beuelskopf. Rechter Hand liegen die Orte Groß-Schlebach und Merzbach. Die Route biegt hinter dem Wasserbehälter links ab, unterhalb des Beuelskopfes wieder links und am nächsten Querweg rechts in Richtung Gut Waldau. Die L 493 wird überquert und geradeaus geht es weiter auf der Ringsheimer Allee. Nach 500 m rechts hinunter, am Waldesrand links und wieder rechts in Richtung Niederdrees. Hinter der Gleisanlage schwenkt man rechts nach **Oberdrees**, am Sportplatz links und weiter an der Kirche vorbei. Hier hält man sich rechts, fährt dann ein Stück auf der B 266 und am Ortsende nach links in Richtung Peppenhoven. An der nächsten Querstraße geht es nach rechts, und nachdem man die B 266 überquert hat, am Ortsrand von Rheinbach links und an der dritten Straße rechts. Man fährt nun wieder auf den Bahnhof von **Rheinbach** zu.

Info: Verkehrsamt Stadt Rheinbach,
Schweigelstraße 21, 53359 Rheinbach,
Tel.: 0 22 26/917-176, Fax: 0 22 26/81-1 17

Zwischen Mechernich und Kall

Eine Spurensuche

Die Tour durch die Mechernicher Triasbucht führt über Kommern, Keldenich und Vussem. Das Rheinische Freilichtmuseum Kommern bietet einen Überblick über das ländliche Wohnen und Wirtschaften im Rheinland.

Mechernich/Keldenich: die Endungen der Ortsnamen auf -ich deuten auf den römischen Ursprung. Und sehr wahrscheinlich haben auch die Eroberer hier schon nach Blei geschürft, die Geschichte des Abbaus endete erst 1958.

Am Tanzberg gleich östlich von Keldenich weist das zerkuhlte Gelände auf die Bleisuche hin. Allerdings ist über die Fundstätte schon viel Gras gewachsen – und nicht nur Gras, sondern auch Grasnelken. Der Anblick ihrer hübschen, zartrosa Blütenköpfe wird schon die mittelalterlichen Knappen entzückt haben, wiewohl nicht aus ästhetischen Gründen: Die Grasnelken hier zeigen das Vorkommen von Schwermetallen im Untergrund an.

Am Tanzberg (der uns einen kurzen Abstecher wert war) weist eine kleine Tafel auf ein großes Problem hin. Nicht anders als der heutige Radfahrer schaute nämlich von hier aus ein römischer Geometer auf die Wasserscheide von Rhein und Maas. Die aber mußte er mit seiner Wasserleitung überwinden, ohne daß der Kanal seines Gefälles verlustig gehen durfte. Als Querungspunkt bestimmten die Feldmesser schließlich jene Stelle, wo sich derzeit die Landstraße 206 und die Bahntrasse kreuzen. Selbst ihre heutigen Berufskollegen mit den sehr viel präziseren Instrumenten hätten keinen geeigneteren Platz finden können ...

Die Überwindung der Wasserscheide war nur eine der zahlreichen technischen Herausforderungen, denen sich die Erbauer des Römerkanals stellen mußten. Gut 95 km leiteten sie das Naß vom Grünen Pütz unterhalb von Nettersheim bis in die Provinzmetropole Köln, und sicher gehört dieser Kanal zu den imponierendsten Leistungen römischer Ingenieurkunst. Doch rechtfertige die Versorgung der Colonia Claudia Ara Agrippinensium mit hochwertigem Trinkwasser offenbar jeden Aufwand.

Unsere Tour führt über zwei weitere Stationen des Römerkanal-Wanderwegs, allerdings liegt die berühmte Aquäduktbrücke von (Mechernich-)Vussem wieder ein wenig abseits unserer Route. Hier mußte ein Seitental des Veybachs überbrückt werden, zehn bis zwölf massive Pfeiler trugen den Kanalaufbau. Dieses Aquädukt ist teilweise rekonstruiert worden.

Während große Teile der römischen Wasserleitung vor Ort zu besichtigen sind, kommen die Gebäude im Rheinischen Freilichtmuseum Kommern aus allen Gegenden des Rheinlands. Das Museum bietet eine Simultanbühne ›ländlichen Wohnens und Wirtschaftens‹, deren solide, tiefgestaffelte Kulissen den Besucher dazu einladen, sich hier wie ein Schauspieler in der Rolle seiner Vorfahren zu bewegen. Viel Mühe haben sich die Aussteller damit gegeben, über die ländlichen Exponate hinaus auch die jeweilige landschaftliche Atmosphäre einzufangen. Trotzdem wird mancher bedauern, daß die Bauernhäuser und Gehöfte, die Windmühlen, Schulen und Kapellen nicht mehr an ihrem Ort stehen.

Vor allem dann, wenn er zuvor durch den Ort Kommern selbst geradelt ist. Dieses Dorf behauptet doch seinen ganz eigenen Charakter. Der Zusammenhang mit seiner Umgebung ist selbst heute noch gegenwärtig, wo Kommern wie eingekeilt zwischen der B 477 und der B 266 liegt.

Linke Seite: Bauernhof bei Mechernich-Breitenbenden
Oben: Haus in der Mühlengasse von Kommern
Unten: Vussem, römisches Aquädukt

1. Mechernich-Kommern: Historisches Ortsbild (s. S. 129)

2. Abstecher Kommern: Rheinisches Freilichtmuseum – Landesmuseum für Volkskunde, regionale Einheiten ›Eifel und Köln-Bonner Bucht‹, ›Westerwald-Mittelrhein‹, ›Niederrhein‹ und ›Bergisches Land‹, Dauerausstellung ›Kindheit–Spielzeit?‹, 1.4.-31.10. tgl. 9-18, 1.11.-31.3. tgl. 10-16 Uhr

3. Schloß Eicks

4. Glehn: Kath. Pfarrkirche St. Andreas mit wuchtigem romanischem Westturm (12. Jh.), spätgotischem Langhaus und Chor

5. Kall-Keldenich: Aussichtspunkt auf die Wasserscheide zwischen Rhein und Maas und NSG Tanzberg (s. S. 129)

6. Vussem: Römische Aquäduktbrücke (s. S. 129)

7. Mechernich: Alte kath. Pfarrkirche, über dem Ort gelegen mit Bauteilen aus dem 11. (Westturm), 13. (Chor) und 16. Jh. (zweischiffige Halle und Sakristei)

1 km
1:75 000

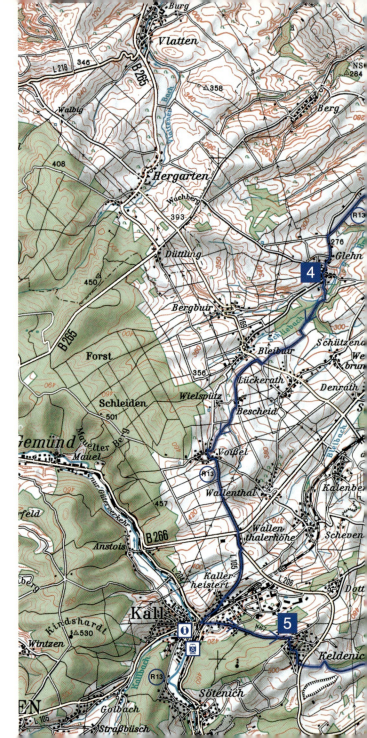

Wegverlauf: Mechernich (km) – Kommern (4) – Eicks (3) – Glehn (3) – Kall (9) – Keldenich (3) – Vussem (8) – Mechernich (4)

Länge: Rundkurs, ca. 34 km

Schwierigkeitsgrad: Mittel, aber starke Steigungen aus den Tallagen heraus

Einkehrmöglichkeiten: In Mechernich, Kommern und Kall

Anfahrt: Mit dem Fahrrad: R 13
Mit der DB: Mechernich
Mit dem Kfz: A 1

Die Tour:

Die Tour startet im Zentrum von **Mechernich** und führt an den beiden Kirchen vorbei auf dem Gemeinderadwanderweg nach **Kommern**. Hinter den ersten Häusern geht es nach links und nach Überquerung des Bleibaches nach rechts auf die alte Hauptstraße von Kommern – links geht es zum **Rheinischen Freilichtmuseum**. An der Kirche hält man sich halblinks, dann wieder links und fährt weiter auf der K 20 nach **Eicks**. In Eicks stößt man auf den Fernradwanderweg R 13 und folgt ihm über Glehn und Voißel nach **Kall**. Nachdem man ein Stück an den Gleisen entlanggefahren ist, geht es links ab auf die K 67 nach **Keldenich**. Am Ortsrand führt der Weg nach links zum Aussichtspunkt, rechts führt die Tour weiter an der Kirche vorbei durch Keldenich zur L 206. Diese wird gekreuzt, und weiter geht es durch das Königsfelder Tal über Urfey und Vollem nach Eiserfey. Im Ort geradeaus, den Alten Bach überqueren und dann links, an der römischen Wasserleitung vorbei, in Richtung Vussem. – Kurz vor der Bachbrücke nach Vussem geht es rechts zur römischen Aquäduktbrücke. – Die Tour führt indes nach **Vussem** hinein, wo man nach rechts auf die B 477 abbiegt. An den Kirchen und dem Parkplatz vorbei geht es weiter nach Breitenbenden. Dort biegt man hinter der Kirche nach links ab und fährt nach **Mechernich**. Dort biegt man gleich rechts ab und gelangt so zurück zum Ausgangspunkt.

Info: Fremdenverkehrsverein Kommern, Altes Rathaus, Kölner Straße 54, 53894 Mechernich, Tel.: 0 24 43/52 96, Fax: 0 24 43/4 91 99; Verkehrsamt Kall, Bahnhofstr. 9, 53925 Kall, Tel.: 0 24 41/8 88-23, Fax: 0 24 41/8 88-48

Wege zwischen Urft und Erft

Zweierlei Sehenswürdigkeiten

Zwischen Bad Münstereifel und Nettersheim fährt man an Quartbach, Genfbach und Erft entlang, an Kalkmagerrasen und einem Tempel aus der Römerzeit vorbei.

Bad Münstereifels Stadtbild hat so viele Preislieder über sich ergehen lassen müssen, daß wir es mit den Spitzentönen des Lobgesangs nicht auch noch behelligen wollen. An sommerlichen Wochenenden kann es eng werden zwischen den schmucken Fachwerkfassaden. Unbestritten birgt dieses Städtchen schöne Zeugnisse vergangenen Bürgerstolzes, mag seine Existenz auch auf eine Klostergründung zurückgehen.

Etwa 830 gründeten Prümer Mönche diese Niederlassung, um von hier aus ihren Besitz am nördlichen Rand des Mittelgebirges zu verwalten. Freilich gingen die hiesigen Benediktiner schon eigene Wege, als die Kirche St. Darius und Chrysanthus in ihrer heutigen Gestalt entstand. Im übrigen hat das Gotteshaus schon während der Romanik eine bewegte Baugeschichte hinter sich gebracht.

Von Münstereifels Bedeutung als strategisch wichtiger Ort für den späteren Jülicher Landesherrn kündet heute noch die bestens erhaltene Stadtmauer samt der allerdings in Ruinen liegenden Burg, von seiner Bedeutung als Hort bürgerlichen Gewerbefleißes zeugt glänzend das Rathaus. Die Münstereifeler waren im wahrsten Sinn des Wortes betucht, ein Wohlstand, der leider nicht ganz ohne Geruchsbelästigung zu haben war. Aber schließlich machte der Urin den Wollstoff weich und geschmeidig. Gesammelt wurde das anrüchige Produktionsmittel im ›Seck‹türmchen, das ein wenig nördlich vom Rathaus gleich an der Erft liegt.

Wer als Natur- und Selbstheiler den Pflanzen vertrauen will, sollte vielleicht in Nettersheim den Kurs »Als Kräuterhexe unterwegs« belegen. Überhaupt hat Nettersheim – 1991 und 1993 Bundeshauptstadt für Natur- und Umweltschutz – die weniger spektakulären Sehenswürdigkeiten zu bieten, die deshalb nicht weniger interessant sein müssen. Sie liegen zwar über das ganze Gemeindegebiet verstreut, sind aber durch Lehr- und Wanderpfade gut erschlossen.

Ohnehin nehmen alle Nettersheimer Wege ihren Ausgang vom Naturschutzzentrum. Das alte, jüngst bedeutend erweiterte Bauernhaus liegt mitten im Ort und beherbergt etliche Ausstellungen zur Natur des Eifel-Raums. Hier wie draußen vor Ort wird versucht, die Kulturlandschaft des Mittelgebirges als Ganzes in den Blick zu nehmen, die Erdgeschichte wird ebensowenig vernachlässigt wie etwa die Gewässerkunde. Hinzu kommt die Präsentation der archäologischen Zeugnisse aus der Römer- und Frankenzeit, gerade an römischen Funden ist Nettersheim besonders reich.

So geht unsere Fahrt vorbei an Kalksümpfen und Kalkmagerrasen, beide heute äußerst bedrohte Lebensräume. Die Tafeln an Kalksteinbrüchen erzählen vom mitteldevonischen Meer und seinem regen Küstenleben, dank dessen die hier erschlossenen Schichten so manches Fossil enthalten.

Besonderen Reiz aber hat eine frühsommerliche Fahrt am Genfbach – einem Zufluß der Urft – entlang. Dann nämlich bietet sich hier ein Bild von grandioser Farbenpracht. Über den Talauen liegt das Rotviolett des Wald-Storchschnabels, gelb gesprenkelt vom Wiesenpippau. Und wo der Boden feuchter wird, reckt der Schlangen-Knöterich so keck sein rosa Blütenzepter, als wäre das sterile Grün der Futterwiesen nur ein Ammenmärchen eifernder Naturaposteln ...

Linke Seite: Bad Münstereifel
Oben: Blutroter Wald-Storchschnabel
Unten: Schlangen-Knöterich

Wegverlauf: Bad Münstereifel (km) – Nöthen (4) – Harzheim (3) – Pesch (3) – Zingsheim (4) – Nettersheim (3) – Holzmühlheim (8) – Schönau (3) – Bad Münstereifel (6)

Länge: Rundkurs, ca. 34 km

Schwierigkeitsgrad: Schwer, Anstiege aus zwei Tallagen und die Wasserscheide müssen bewältigt werden

Einkehrmöglichkeiten: In Bad Münstereifel, bei Nöthen, in Nettersheim und in den Orten entlang der Erft

Anfahrt: Mit dem Fahrrad: R 15 / R 26
Mit der DB: Bad Münstereifel
Mit dem Kfz: A 1

Die Tour:
Die Tour startet im Zentrum von **Bad Münstereifel** und führt auf der L 165 nach Nöthen. Hinter Nöthen geht es noch ein Stück auf der L 206 weiter, um dann am Ortsanfang von **Gilsdorf** rechts nach Harzheim abzubiegen. Vorbei am NSG Harzheim führt die Tour in den Ort. Hier nach links in Richtung Pesch abbiegen. Man erreicht die L 206 in **Pesch** und biegt hier rechts ab in Richtung Zingsheim – links geht es zur römischen Tempelanlage. Vor der Autobahnunterführung fährt man von der Landstraße links ab nach Zingsheim. Am Ortsanfang links und an der Kirche rechts, dann weiter über Wirtschaftswege und die K 59 nach **Nettersheim**. Am Waldes- bzw. Ortsrand stößt man auf die Fernradwanderwege R 13 und R 26, zu denen man nach der Ortsbesichtigung zurückkehrt. Am Genfbach entlang führen beide R-Wege bis zur Ahekapelle. Hier biegt die Route in Richtung Engelgau ab und begleitet den R 26 über Frohngau und **Holzmühlheim** (Erftquelle) nach **Schönau**. Hinter Schönau geht es weiter auf dem R 15 bis Eicherscheid. Die B 51 wird gekreuzt, und weiter geht's an der Erft entlang und am Schwimmbad vorbei nach **Bad Münstereifel** zum Ausgangspunkt.

Info: Kurverwaltung Bad Münstereifel, Langenhecke 2, 53902 Bad Münstereifel, Tel.: 02253/505-192/183; Informationshaus ›Alte Schmiede‹, Bahnhofstr. 50, 53947 Nettersheim, Tel.: 02486/1770

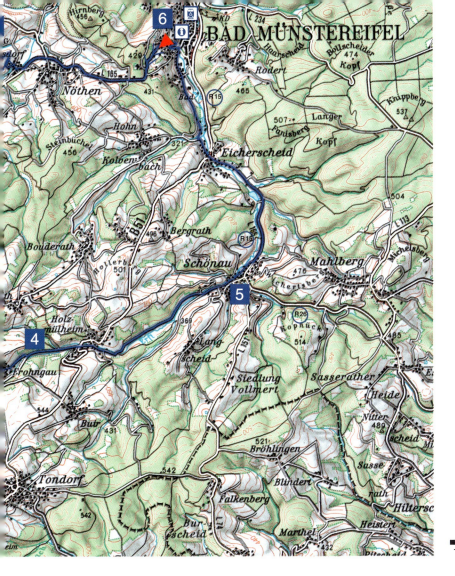

1 Bei Gilsdorf: Kalkmagerrasen am Halsberg, typische Flora des bedrohten Lebensraums

2 Abstecher bei Nettersheim-Pesch: Römische Tempelanlage, Umgangstempel, mehrere kleine Weihestätten

3 Nettersheim: Naturschutzzentrum Eifel (s. S. 133), Mo-Fr 9-16, Sa, So 10-17 Uhr

4 Holzmühlheim: Erftquelle

5 Schönau: Kath. Pfarrkirche St. Goar, romanischer Westturm, beachtliche Barockausstattung

6 Bad Münstereifel: Historisches Stadtbild mit Stadtmauer (s. S. 133)

1 km
1:75 000

Blankenheim und Umgebung

Eifelschätze

Vom burgengekrönten Eifelstädtchen Blankenheim aus führt die Tour in die Täler etlicher Ahr-Zuflüsse und durch das Naturschutzgebiet Lampertstal.

Zweifellos führt diese Tour durch einen besonders schönen Teil der Eifel. Aber der schönste Streckenabschnitt beginnt doch hinter Ripsdorf. Der Weg führt nämlich jetzt ins Naturschutzgebiet Lampertstal, dessen namengebender Bach östlich von uns in die Ahr mündet und kurz zuvor noch eine ideale Lage für eine Höhenburg geschaffen hat.

Das Naturschutzgebiet Lampertstal gehört zu den größten Nordrhein-Westfalens. Seinen Reichtum an seltenen Pflanzen verdankt es vor allem einer geologischen Besonderheit der Eifel, nämlich ihren Kalkmulden. Sie durchziehen das Mittelgebirge etwa quer zu seinem Verlauf, das Lampertstal liegt in der Dollendorfer Mulde. Alle Mulden zeichnen sich dadurch aus, daß hier die Kalksteinschichten erhalten blieben, die andernorts dem Zahn der Erosion zum Opfer fielen.

Auch die Dollendorfer Mulde birgt so manche Versteinerung uralter Meerestiere. Denn – kaum vorstellbar, aber wahr – vor immerhin 360 Millionen Jahren lag diese Weltgegend nicht nur nahe am damaligen Äquator, sondern auch am Grund eines tropischen Meeres. Dessen Flachküste mit ihrem warmen, lichtdurchfluteten Wasser bot der ozeanischen Fauna günstige Bedingungen.

Nun, viel später sollte der Mensch, als Spezies gerade einmal zwei Millionen Jahre alt, die Eifel in seinem arttypischen Vorwitz das ›rheinische Sibirien‹ nennen. Daraus geht zumindest hervor, daß sich die klimatischen Verhältnisse währenddessen grundsätzlich geändert hatten. Trotzdem werden auf den sonnenzugewandten Kalkmagerrasen Temperaturen erreicht, wie sie den wärmeliebenden Vertretern unserer Pflanzenwelt behagen. Dazu gehören vor allem die Orchideen, die im Naturschutzgebiet sogar mit einer sehr seltenen Art präsent sind, dem Helm-Knabenkraut. Bevorzugt die Bachläufe säumt der Blaue Eisenhut. Die Schönheit seiner auffällig prächtigen Blütentraube muß in der heimischen Flora keine Konkurrenz fürchten, bedauerlicherweise gilt das auch für seine Giftigkeit.

Das Auffälligste an Blankenheim ist die Burg, einst Mittelpunkt der Herrschaft Manderscheid-Blankenheim. Leider entspricht ihre architektonische Bedeutung ihren Verdiensten um das heutige Stadtbild nicht. Einen Abglanz der einstigen Residenz bewahrt jedoch die Pfarrkirche St. Mariä Himmelfahrt, auf der Schwelle vom Mittelalter zur Neuzeit vom gräflichen Paar gestiftet. Das spätgotische Gotteshaus mit seinen dekorativen Gewölbemalereien nennt eine beachtliche Ausstattung sein eigen, von besonderem Reiz sind die drei niederrheinischen Schnitzaltäre, auch wenn ihre Rahmen sich bei näherem Hinsehen schnell als neogotisches Beiwerk erweisen.

Und selbstredend darf ein Besuch der Ahrquelle nicht fehlen, verdanken wir doch gerade diesem Fluß und seinen Nebenbächen einige der schönsten Landschaftsbilder auf unserer Route. Die Ahr entspringt also nicht in irgendeinem Waldesgrund, sondern unter einem Blankenheimer Fachwerkhaus. Und so kann sie auf ihren ersten Metern auch keinen jugendlich-ungestümen Gebirgsbach abgeben, sondern muß in äußerster Gefaßtheit darauf warten, daß sie in die Landschaft entlassen wird. Dafür hat sie weiter unten ihr Temperament in kühnen Schlingen und gewagten Schleifen voll entfaltet.
Nur ist das schon wieder eine ganz andere Tour.

Linke Seite: Eifel-Landschaft bei Barweiler
Oben: Blankenheim-Alendorf, Wacholder-Naturschutzgebiet
Unten: Freilinger See

Wegverlauf: Blankenheim (km) – Nonnenbach (5) – Ripsdorf (6) – Dollendorf (5) – Lommersdorf (7) – Freilingen (2) – Mülheim (9) – Blankenheim (3)

Länge: Rundkurs, ca. 37 km

Schwierigkeitsgrad: Schwer, ›Berg- und Talfahrt‹

Einkehrmöglichkeiten: In Blankenheim, bei Nonnenbach und in Freilingen

Anfahrt: Mit dem Fahrrad: R 13
Mit der DB: Blankenheimerdorf
Mit dem Kfz: A 1

Die Tour:

Die Tour startet im Zentrum von **Blankenheim** und führt auf der B 258 in Richtung Blankenheimerdorf. An der Kreuzung in Blankenheim biegt die Tour nach links auf die K 69. Man befindet sich auf dem Fernradwanderweg R 13 und folgt diesem über Nonnenbach bis zur Ripsdorfer Mühle. Hier rechts ab nach **Ripsdorf** und weiter auf der K 69 durch das NSG **Lampertstal** nach Dollendorf. Am Ortsrand biegt man links nach Ahrhütte ab, und dort angelangt, im Ort wieder rechts in Richtung Neuhof halten. Am Parkplatz geht es links, die Ahr und die B 258 werden passiert, und man fährt geradeaus hoch, an der **Jodokuskapelle** vorbei, nach Lommersdorf. An der Kirche links nach Freilingen abbiegen. In Freilingen hinter der Kirche nach rechts. Am Ortsende geht es links zum **Freilinger See**, die Tour führt geradeaus weiter am Feriendorf Freilingen vorbei bis auf den Radweg der L 115. Hier links abbiegen und am Ende des Radweges links neben der Landstraße weiter bis zum Wegesende. Jetzt schwenkt man wieder links, nach einer kurzen Strecke rechts und gelangt an der Mülheimer Mühle vorbei und den Bach passierend nach Mülheim. An der Kirche links ab, und über den Finkenhof geht die Fahrt zurück in das Zentrum von **Blankenheim**.

Info: Verkehrsbüro Blankenheim, Rathausplatz 16, 53945 Blankenheim, Tel.: 0 24 49/83 33, Fax: 0 24 49/87-1 15

ROUTE 33

1 Ripsdorf: Kath. Pfarrkirche St. Johann Baptist, wuchtige spätgotische Dorfkirche

2 NSG Lampertstal (s. S. 137)

3 Aussicht an der Jodokuskapelle auf das obere Ahrtal

4 Freilinger See: Bademöglichkeit

5 Blankenheim: Burg; kath. Pfarrkirche und Ahrquelle (s. S. 137); Kreismuseum mit Ausstellungen zur Naturkunde und Kulturgeschichte der Nordwesteifel, Di-Fr 10-12.30, 14-17, Sa 14-17, So 10-12.30, 14-17 Uhr

1 km
1:75 000

Eine Fahrt durch das Rurtal

Burgblicke zwischen Heimbach und Nideggen

Von Nideggen aus geht es zunächst um die Rurtalsperre nach Heimbach. Dann weist die Rur wieder den Weg zur alten Burgstadt zurück.

Auch der Kermeter ist eine Art Massiv. Und seine geschlossene Walddecke hält sich wacker gegen die riesige Wasserfläche der Rurtalsperre. Ihre 205 Millionen m³ ›Stauinhalt‹ haben die Gegend hier verändert. Zur Beschreibung des neuen Landschaftsbilds hat man sich auf das Beiwort ›fjordartig‹ geeinigt. Es weckt die Vorstellung von nordischer Urtümlichkeit, ändert aber nichts daran, daß solcher Anblick in unseren Mittelgebirgen gewöhnungsbedürftig bleibt. Zumal die neue Urnatur bei gesunkenem Wasserstand ihre Künstlichkeit ohne weiteres offenbart. Dann nämlich zeigt sich zwischen Wald- und Wasserrand ein unschöner trockengrauer Streifen.

In Heimbach wird die Rur dann wieder zum Fluß, nicht ohne vorher noch am Staubecken Heimbach den Bau eines Kraftwerks mit bemerkenswerter Jugendstilarchitektur ermöglicht zu haben. Das Städtchen selbst lohnt den längeren Aufenthalt allemal, selbst wenn einen der wunderschöne Antwerpener Schnitzaltar vom Anfang des 16. Jh. kalt läßt. Wenn also schon nicht die Klemenskirche, dann ziehen doch gewiß die stimmungsvollen Fachwerkbauten und die Burg über dem Stadtpanorama die Blicke auf sich.

Nur welcher Teufel mag die Verantwortlichen geritten haben, als sie Anfang der 70er Jahre das in Ruinen liegende Gemäuer mit Hilfe von Betonfertigteilen wieder zur Burg ertüchtigten? Freilich ändern solche architektonischen Kühnheiten an der guten Fernsicht nichts; die imposante Lage auf dem recht langen, aber ziemlich schmalen Felsgrat konnte dem alten Adelssitz der Hengebacher ohnehin niemand nehmen. Und an den sonnseitigen Hängen des Burgbergs hat mancher Vertreter einer wärmeliebenden Flora sein Auskommen gefunden, ja im Burgareal selbst findet sich der ziemlich seltene Schriftfarn.

Ganz den Natureindrücken gehört die Fahrt flußabwärts in Richtung Nideggen. Eindruck machen vor allem die Felsbastionen, die sich hier mit schroffer Drohgebärde hoch über dem Radfahrer aufbauen. Doch wer uns so einschüchtern will, dem kommen wir erst recht mit nüchternsachlicher Wissenschaft, also Geologie. Sie rechnet die Schichten östlich der Rur zur Mechernicher Triasbucht, die roten Sandsteine und Konglomerate hier sind um über 150 Millionen Jahre jünger als die Gesteine südlich und westlich von Heimbach. Doch Alter hin, Gesteinsart her – die Felsschroffen mit ihren steilen Abstürzen, ihren Hohlkehlen, Überhängen und Kaminen haben die Kletterer immer schon magisch angezogen. Sehr zum Schaden der Greifvögel, die vor den Gipfelstürmern das Weite suchten. Heute gibt es für einige Felsen Kletterverbote und die Hoffnung, daß die höchst gefährdeten Flieger wieder zurückkehren.

Natürlich haben wir dem schweren Los des Radfahrers Achtung gezollt und die Strecke durchs Rurtal geführt. Den Weg hinauf in die Burgstadt Nideggen möchten wir ihm trotzdem ans Herz legen. Man sieht es dem Städtchen ja nicht mehr an, daß es im Mittelalter eine wirkliche Residenz war. Die Jülicher Grafen (seit 1356 gar Herzöge) fühlten sich hier sicherer als draußen in der Börde, wo sich vielleicht der ansehnlichere Regierungssitz errichten ließ, aber keine so uneinnehmbare Feste wie Nideggen über der Rur. Heute zählt der (verkürzt) erhaltene Bergfried zu den »bedeutendsten Denkmälern staufischer Wehrbaukunst« (Kubach/Verbeek).

Linke Seite: Blick auf die Rurtalsperre
Oben: Nideggen
Unten: Wildkrautackerflora bei Nideggen

141

ROUTE 34

Wegverlauf: Nideggen (km) – Schmidt (8) – Rurberg (12) – Heimbach (13) – Nideggen (12)

Länge: Rundkurs, ca. 45 km

Schwierigkeitsgrad: Mittel, langer Anstieg von Nideggen nach Schmidt

Einkehrmöglichkeiten: An der Talsperre und im Rurtal

Anfahrt: Mit dem Fahrrad: R 11 / R 24
Mit der DB: Nideggen (Rurtalbahn)
Mit dem Kfz: B 56 / B 265 / B 266 / B 339

Die Tour:
Die Tour startet am Bahnhof in **Zerkall** bei Nideggen und führt über den Gemeinderadwanderweg nach Hetzingen und weiter in Richtung Hetzinger Hof. Am Schliebach entlang geht es nun bergan nach Harscheid. Am Ortsrand vor der L 246 links ab und geradeaus durch den Ort bis zur Kirche in Schmidt. Hier biegt man links ab, kreuzt die L 218 und fährt dann weiter auf den Eschauler Berg. Von hier aus geht es bergab, an den Parkplätzen vorbei, zum Freibad an der **Rurtalsperre**. Hier verläuft auch der R 24, auf dem man, immer an der Talsperre entlang und durch Woffelsbach hindurch, bis an den Ortsrand von Rurberg gelangt. Die Route biegt nach links von der Landstraße nach Rurberg hin ab, führt dann in den Ort und hinter dem zweiten Campingplatz nach links, dann am Seeufer entlang zum Stauwerk des Obersees, über das man auf die andere Talsperrenseite wechselt. Dort angelangt, fährt man am Westufer des Sees auf dem Fernradweg R 11 in Richtung **Heimbach**. Von hier führt die Tour weiter auf dem R 11 durch das Rurtal zurück nach **Nideggen** und zum Bahnhof **Zerkall**.

Info: Verkehrsamt Nideggen, Zülpicher Straße 1, 52385 Nideggen, Tel.: 0 24 27/8 09-28, Fax: 0 24 27/8 09 47

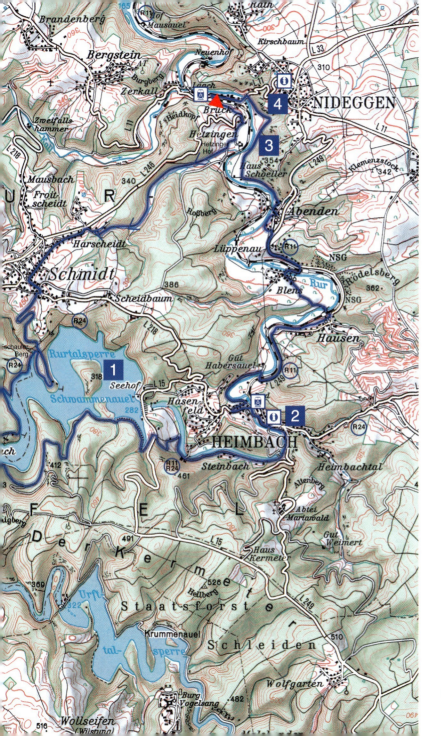

1 Rurtalsperre (s. S. 141)

2 Heimbach: Burg; kath. Pfarrkirche St. Klemens (s. S. 141)

3 Buntsandsteinfelsen an der Rur (s. S. 141)

4 Abstecher nach Nideggen (s. S. 141): Burg; Pfarrkirche St. Johann Baptist; Burgenmuseum, Di-So 10-17 Uhr (in den Wintermonaten nach Wetterlage)

1 km
1:75 000

ROUTE 35

In der Rur-Eifel

Tief von Hellenthal hoch nach Reifferscheid

Wieder geht es durch die Rur-Eifel. Den Flußpart übernimmt jedoch diesmal die Olef. Es geht durch das alte Eisenland im Schleidener Tal, und außerdem verlockt das vielleicht schönste Burgdorf der Eifel, Reifferscheid, zu einem Abstecher.

Evangelische Gotteshäuser älteren Datums sind selten in der Eifel. Meist gehen protestantische Gemeinden entweder auf Einwanderer zurück oder die Weltoffenheit der Landesherren. Und die Fremden lockte früher nur ein Lohn und Brot versprechendes Gewerbe herbei, so etwa nach Hellenthal. Die religiöse Toleranz verharrte allerdings im Stande der Duldung. Eine Kirche durften die Hellenthaler Protestanten 1786 nicht bauen, sondern nur ein Bethaus. Ihren Turm bekam die Andachtsstätte erst 1822, als die Eifel schon ein paar Jahre preußisch war.

Ihre Protestanten verdankt diese Gegend dem Eisengewerbe, das hier im Schleidener Tal sein namhaftestes Revier hatte. Gut möglich übrigens, daß Hellenthal dessen Keimzelle bildete. Dort war das sogenannte Bergmannskloster Steinfeld begütert, und ihm wird ein bedeutender Anteil an der Entwicklung des mittelalterlichen Hüttenwesens zugeschrieben. Erste sichere Nachrichten vom hiesigen Eisengewerbe datieren in den Anfang des 15. Jh.

Für günstige Rahmenbedingungen sorgten die Landesherren, allen voran die Grafen Dietrich IV. und VI. von Manderscheid-Schleiden. Doch der Tod des sechsten Dietrich 1593 bedeutete auch einen wirtschaftlichen Einschnitt. Zahlreiche protestantische Hüttenmeister kehrten dem Schleidener Territorium den Rücken. Erst in der zweiten Hälfte des 17. Jh. herrschte wieder regerer Betrieb in den Hütten und Schmieden, bis er dann um 1850 abbrach.

Nun war zwar die Eisengewinnung und -verarbeitung auf das Wasser als Energieträger angewiesen, doch ging die Olef auch durchaus eigene Wege. Heute ist sie vor Hellenthal gestaut und kann nicht mehr so, wie sie gerne möchte. Wir allerdings genießen die ebene Fahrt entlang des Stausees.

Ein Höhepunkt unserer Tour nicht nur im Wortsinn ist das Burgdorf Reifferscheid. Schon seine Lage auf dem Bergrücken ist derart reizvoll, daß sich der Radwanderer gegen Ende einer höhen- und tiefenreichen Tour auch mit dem Blick von unten begnügen kann. Kirche, Fachwerkhäuser, Befestigung und Burgruine formieren sich zu einer Gesamtansicht, die vom Pinsel bis zum Auslöser alles in Bewegung setzt, was ein Bild verspricht.

Der Wehranlage blieb allerdings das Schicksal fast aller Eifelburgen nicht erspart. Als der Sonnenkönig Ludwig XIV. Ende des 17. Jh. seine Idee von einer Rheingrenze Frankreichs gescheitert sah, befahl er eine Politik der verbrannten Erde. So hatten die Sprengkommandos beim Rückzug durch das Mittelgebirge einiges zu tun. Im Fall der Burg Reifferscheid durften sie ihr explosives Handwerk an einem Bau ausüben, der erst 30 Jahre zuvor nach einem Brand wieder hergerichtet worden war. Immerhin steht noch der Bergfried aufrecht, ein wirklicher Fluchtpunkt der Burgdorf-Perspektive.

Doch mag auch die stolze Feste geschleift sein und mögen die berüchtigten Haudegen aus dem Geschlecht der Reifferscheider längst das Zeitliche gesegnet haben – ein Burgbewohner hat die Jahrhunderte überdauert. Freilich gehört der Schild-Ampfer ins Reich der Flora. Heil- und Gemüsepflanze zugleich, aber auf die Standorte wie schnell erwärmte Mauern angewiesen, ist er in Reifferscheid allgegenwärtig.

Linke Seite: Blick auf Reifferscheid
Oben: Landschaft bei Hellenthal

1 Oleftalsperre und Wildfreigehege Hellenthal mit Greifvogelstation

2 Abstecher Besucherbergwerk Rescheid: Grube Wohlfahrt, ehemaliger Blei-Zinkabbau, Führungen ganzjährig tgl. 11, 14, 15.30 Uhr

3 Burgdorf Reifferscheid (s. S. 145)

4 Hellenthal-Blumenthal: Kath. Pfarrkirche St. Brigida, spätgotisches Gotteshaus an der Olef

5 Hellenthal: Ev. Pfarrkirche im Ortsteil Kirchseiffen (s. S. 145)

1 km
1:75 000

Wegverlauf: Hellenthal (km) – Oleftalsperre (2) – Hollerath (15) – Kamberg (6) – Neuhaus (3) – Wolfert (3) – Reifferscheid (6) – Hellenthal (5)

Länge: Rundkurs, ca. 40 km

Schwierigkeitsgrad: Schwer, starke Steigungs- und Gefällstrecken

Einkehrmöglichkeiten: In Hellenthal, an der Oberprether Mühle, bei Neuhaus und Wolfert

Anfahrt: Mit dem Fahrrad: R 9 / R 26
Mit der DB: Nicht möglich
Mit dem Kfz: B 265

Die Tour:
Die Tour startet im Zentrum von **Hellenthal** und verläuft auf dem Fernradwanderweg R 26 bergan zur **Oleftalsperre**. An der Staumauer rechts halten und weiter auf dem R 26 immer am Seeufer entlang. Am Talsperrenende führt die Tour auf dem R 9 durch den Forst Schleiden zur B 265. Hier links in Richtung Hollerath abbiegen und weiter auf dem Fernradwanderweg (R 9) an der Oberprether Mühle vorbei auf die Witgenhöhe. Man verläßt hier den R 9 (er führt weiter in Richtung Udenbreth) und biegt nach links in Richtung Rescheid ab. An der Grube Schwalenbach biegt die Tour rechts ab – geradeaus lohnt ein Abstecher zum **Besucherbergwerk Rescheid** –, und hinter dem Parkplatz geht es an der zweiten Möglichkeit weiter nach links in Richtung Neuhaus. In Neuhaus links ab, und über Wolfert führt die Tour nun rechts von Bleibach und Wolferter Bach nach Wiesen. Am Ortsende wechselt man die Flußseite nach links und biegt nach rechts auf die L 17. An **Reifferscheid** vorbei geht es weiter auf der Landstraße nach Blumenthal. Die B 265 wird überquert, an der Kirche links abgebogen, und weiter geht es auf dem R 26 durch **Hellenthal** zurück zum Ausgangspunkt.

Info: Verkehrsamt Hellenthal, Rathausstr. 2, 53940 Hellenthal,
Tel.: 0 24 82/85-1 15, Fax: 0 24 82/85-1 14

In und um Monschau

Stadt und Ländchen

Aus Monschau, der Fachwerkstadt mit Rotem Haus, führt die Tour ins Monschauer Heckenland und durch malerische Wiesentäler.

Es sind immer auch die Plätze, die Bild und Atmosphäre einer Stadt prägen. In Monschau bedurfte es des Stadtbrands von 1875, um wenigstens eine Freifläche zu schaffen. Dennoch mangelt es diesem Gemeinwesen wahrhaftig nicht an Ausstrahlung, vielmehr verdankt es seinen ganz eigenen Charakter wesentlich seiner Enge.

Bis ins Zentrum hinein gibt das rechte Ufer der Rur nicht einmal einem Bauplatz Raum: Zu dicht treten die Felsen an den Fluß heran, zu schroff fallen sie ab. Monschau ist eine Stadt in den Schluchten der Rur und des Langenbachs, dessen Mündung dann doch den Talgrund ein wenig weitet. Und weil dem Besucher nichts anderes übrigbleibt, als sich Monschau von den Höhen herab zu nähern, beherrschen zunächst einmal die dicht gedrängten, schiefergrauen Dächer das Bild.

Mit dem Abstieg aber schlägt dieses Stadtbild wie ein Fächer auseinander. Und der entfaltet keineswegs nur das Panorama imposanter Fachwerkfassaden, sondern präsentiert auch gediegenste Patrizierhäuser, allen voran natürlich das prächtige Rote Haus. Diese Häuser künden von Ruf und Reichtum der Tuchmacherstadt im 18. Jh., dessen zweite Hälfte auch als goldenes Zeitalter Monschaus gelten darf.

Es ist also keine Schande, hier der Lockung von Kaffee und Torte in einem Straßencafé zu erliegen. Aber der Radwanderer hat ja eine Mission. Ihn zieht es hinauf auf die Höhen des Monschauer Ländchens, wo das allenfalls sanft gewellte Plateau leider von immer weniger Hecken gegliedert wird. Dabei sind diese Hecken vorzügliche Windfänger und verhindern das Ausschwemmen oder Auswehen der wertvollen Erdkrume – Taten für den Erhalt der Kulturlandschaft, wie sie der Stacheldrahtzaun nie vollbringen könnte.

Hecken spielen auch in den Dörfern eine besondere Rolle. Aber hier reichen sie den Häusern fast an den First und bilden auf der Wetterseite eine zweite grüne Schutzwand gegen die aggressiven Südwestwinde mit ihren gefürchteten Regenschauern im Gefolge. Früher duckte sich dahinter mit weit herabgezogenem Dach das Vennhaus. Es verschwand jedoch noch eher als die Buchenhecken, von denen einige heute auch in Höfen nicht nur einen vorzüglichen Wind-, sondern gleichfalls einen herrlichen Blickfang bilden.

Geraume Zeit sah es so aus, als hätte niemand mehr einen Sinn für die Schönheit der Wiesentäler, etwa von Perlenbach und Fuhrtsbach. Die Phalanx der Fichtenforste schien unaufhaltsam vorzurücken, bis die Naturschützer ihr Einhalt geboten. Schließlich stand mehr auf dem Spiel als die Anmut des Landschaftsbilds: Als die Nadelbäume kamen, verschwanden die (Gelben) Narzissen. Und das hieß hier nicht ein oder zwei Dutzend Pflanzen, sondern Tausende Osterglocken, deren Blütengelb im April über der noch winterfalben Grasdecke ein leuchtendes Fanal des Frühlings setzt.

Apropos Perlenbach: Ja, die Fluß-Perlmuschel steckt tatsächlich noch in seinem Bett. Aber wohl kaum mehr lange. Ihre Kolonien sind überaltert, Nachwuchs bleibt schon seit geraumer Zeit aus. Und darüber grämen sich nicht etwa irgendwelche Perlenjäger, sondern alle Ökolo-gen. Sie stoßen selbst in dieser bukolischen Landschaft auf ein unheilvolles Zeichen unserer gestörten Beziehung zur Umwelt.

Linke Seite: Vennhaus in Monschau-Höfen
Oben: Fachwerkhäuser in Monschau
Unten: Typische Hecken bei Höfen

1. Höfen: Vennhäuser mit -hecken (s. S. 149)

2. NSG Perlenbach- und Fuhrtsbachtal (s. S. 149)

3. Kalterherberg: Ehemaliges Prämonstratenserkloster Reichenstein, aufrecht steht nur noch das sogenannte Prioratsgebäude (17. Jh.)

4. Monschau: Historisches Stadtbild mit ehemaliger Burg, alter kath. Pfarrkirche St. Mariä Geburt, Aukirche und Rotem Haus. Darin Sammlungen zur bürgerlichen Wohnkultur des 18./frühen 19. Jh., Einlaß Karfreitag-30.11. 10, 11, 14, 15, 16 Uhr

1 km
1:50 000

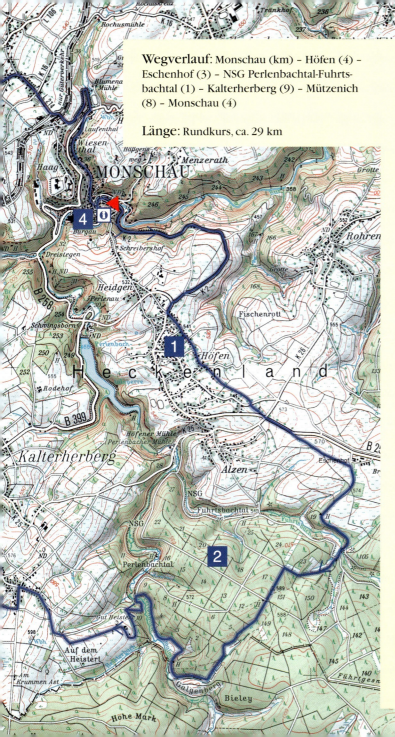

Wegverlauf: Monschau (km) – Höfen (4) – Eschenhof (3) – NSG Perlenbachtal-Fuhrtsbachtal (1) – Kalterherberg (9) – Mützenich (8) – Monschau (4)

Länge: Rundkurs, ca. 29 km

Schwierigkeitsgrad: Mittel, aber starke Anstiege aus den Tallagen

Einkehrmöglichkeiten: In Monschau und im Perlenbachtal

Anfahrt:
Mit dem Fahrrad: Auf klassifizierten Straßen
Mit der DB: Aachen–Monschau (saisonaler Personenverkehr)
Mit dem Kfz: B 258 / B 399

Die Tour:
Die Tour startet in **Monschau** am Markt und führt bergan auf der Schleidener Straße nach Höfen. Am Ortsrand stößt man auf die Umgehungsstraße. Hier biegt man links in den Wiesengrund ein. Über die Neue Straße fährt man weiter, bis man wieder die Hauptstraße (B 258) in Richtung Schleiden erreicht. Die B 258 wird gekreuzt, und man fährt auf ihrer rechten Seite (Radweg) weiter. An der nächsten Querstraße geht es rechts ab in das **NSG Perlenbachtal/Fuhrtsbachtal**. Die Tour folgt dem Wegeverlauf durch das Naturschutzgebiet in Richtung Gut Heistert und weiter in Richtung **Kalterherberg**. Am Ortsanfang links ab in die Eisenborner Straße, an der nächsten Querstraße rechts und weiter geradeaus über den Wirtschaftsweg und den Breitenbergweg bis zum Weg Fedderbach. Hier rechts, und dann links auf den Messeweg (L 106). Die Tour führt nun vorbei an **Gut Reichenstein** in Richtung Mützenich. Bei Eschweide nach links auf den Weg Platte Venn abbiegen und diesem bis zur Eupener Straße (L 214) folgen. Hier rechts und auf der Landstraße bergab durch Mützenich in Richtung Monschau. Im Tal angelangt, wird die Hauptstraße überquert, und über die Laufenstraße und Rurstraße geht es nun durch **Monschau** zurück zum Markt, dem Ausgangspunkt der Tour.

Info: Monschau-Touristik, Stadtstr. 1, 52156 Monschau, Tel.: 02472/3300, Fax: 02472/4534

ROUTE 37

Stolberger Glanz

Besuch in der alten Kupferstadt

Von Stolberg, der Kupferstadt, führt diese Tour vorbei an seltener Galmei-Flora und nach Breinig, dessen historischen Ortskern alte Bruchsteinhäuser prägen.

Von einer jungfräulichen Erde allerdings - falls diese Metapher überhaupt ihre Berechtigung haben sollte - läßt sich im Falle Stolbergs gewiß nicht sprechen. Vielmehr heißt hier das Thema mit vielen Variationen: Bodenschätze. Nach Eisen wurde im Vichttal gegraben, der Kalkstein am Hammerberg und anderswo abgebaut, nach Blei suchten die Bergleute - und eben auch nach Galmei. Dabei war dieses Zinkerz den Metallurgen lange ein Buch mit sieben Siegeln. Doch eines stand sehr früh fest, nämlich daß es sich im Schmelztiegel mit Kupfer zu einer überaus brauchbaren Legierung zusammenfügte: Messing.

So müßte Stolberg eigentlich die Messingstadt, die Kupferhöfe müßten Messinghöfe heißen und der Kupfermeisterfriedhof Messingmeisterfriedhof. Ragendes Wahrzeichen Stolbergs ist die Burg; zu ihr hinauf führen schön verwinkelte Gassen, die sich gelegentlich zu kleinen Plätzen weiten. Zwar hat die Wehranlage die Jahrhunderte nicht unbeschadet überstanden, doch verhalfen ihr die bürgerlichen Besitzer seit 1863 zu einer Wiederauferstehung im Geist der Romantik. Die Kriegszerstörungen boten dann Gelegenheit, die Burg ihrem einstigen Erscheinungsbild wiederanzunähern, 1990 war auch die Arbeit an den Burgplätzen abgeschlossen.

Den wirtschaftlichen Aufschwung nahm Stolberg im 18. Jh., als die reformierten Kupfermeister aus Aachen vertrieben wurden und sich hier ansiedelten. Zeugnis davon geben heute noch die eindrucksvollen Grabplatten auf dem Kupfermeisterfriedhof am Finkenberg. Aber ein Messinggewerbe läßt sich zumindest für das Stolberger Umland viel weiter zurückdatieren: Sehr wahrscheinlich haben hier schon die Römer Galmeierz abgebaut.

Doch Galmei interessiert nicht nur Geologen und Wirtschaftshistoriker. Die alten Bergleute wußten wohl, wie sich eine Galmei-Lagerstätte über Tage verriet: durch die Pflanzen. Das Zinkerz im Boden ist giftig, deshalb konnten sich nur wenige Arten hier behaupten. Aber diese wenigen zählen oft zu den Raritäten unserer Flora, allen voran das Galmei-Veilchen. Seine gelben Blüten sind die Attraktion jener Flächen, die heute - wie etwa am Hammerberg - als Galmeifluren unter Naturschutz stehen.

Das Landschaftsbild um Stolberg prägen auch die Kalksteinbrüche. Von den aufgelassenen haben sich etliche zu Zufluchtsorten bedrohter Pflanzen und Tiere entwickelt. Aber selbstverständlich belegen sie auch die lange Tradition der Kalksteinnutzung in diesem Raum. Schon die Römer brannten Kalk bei Gressenich, wie die dort gefundenen Überreste von Öfen zeigen.

Daß Kalkstein nicht erst zu Branntkalk werden muß, um für etwas gut zu sein, belegt eindrucksvoll das alte Breinig. 97 Baudenkmäler kann dieser historische Ortskern vorweisen, charakteristisch sind die Winkelhöfe aus Bruchstein. Als Blickfänge ihrer Architektur dienen die weitgeschwungenen Torbogen, die Tür- und Fenstereinfassungen. Eine schöne Fassung hat aber auch der Ort selbst, jedenfalls im Süden. Hier vermitteln Obstwiesen zur offenen Landschaft hin, die Alt-Breinig zur Frühlingszeit in ein Blütenmeer betten. Selten ist es geworden, ein solches Dorf. Und Breinig ist gewiß ein Höhepunkt unserer Stolberg-Tour.

Linke Seite: Stolberger Altstadt mit Burg
Oben: Tür des Kupferhofes Neue Stöck in Stolberg
Unten: Galmei-Grasnelke

1. Stolberg: Historisches Stadtbild mit Burg und Kupfermeisterfriedhof (s. S. 153)
2. NSG Hammerberg mit Galmei-Veilchen-Flora (s. S. 153)
3. Breinig: Historischer Ortskern (s. S. 153)

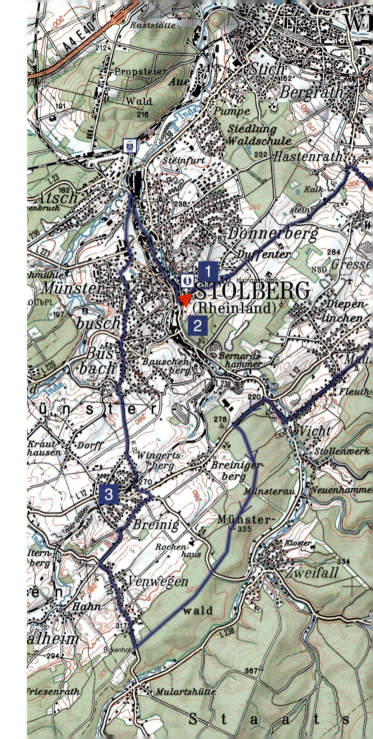

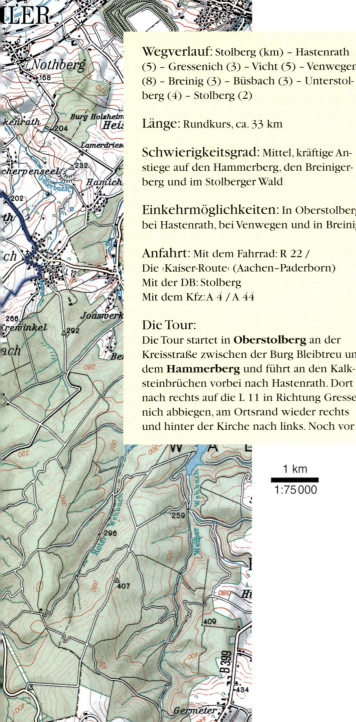

Wegverlauf: Stolberg (km) – Hastenrath (5) – Gressenich (3) – Vicht (5) – Venwegen (8) – Breinig (3) – Büsbach (3) – Unterstolberg (4) – Stolberg (2)

Länge: Rundkurs, ca. 33 km

Schwierigkeitsgrad: Mittel, kräftige Anstiege auf den Hammerberg, den Breinigerberg und im Stolberger Wald

Einkehrmöglichkeiten: In Oberstolberg, bei Hastenrath, bei Venwegen und in Breinig

Anfahrt: Mit dem Fahrrad: R 22 / Die ›Kaiser-Route‹ (Aachen–Paderborn)
Mit der DB: Stolberg
Mit dem Kfz: A 4 / A 44

Die Tour:

Die Tour startet in **Oberstolberg** an der Kreisstraße zwischen der Burg Bleibtreu und dem **Hammerberg** und führt an den Kalksteinbrüchen vorbei nach Hastenrath. Dort nach rechts auf die L 11 in Richtung Gressenich abbiegen, am Ortsrand wieder rechts und hinter der Kirche nach links. Noch vor dem Ortsende geht es rechts ab und abseits der Landstraße über Krewinkel und Fleuth nach Vicht auf die L 238. Hier rechts in Richtung Stolberg abbiegen und an der nächsten Kreuzung nach links bergan in Richtung Breinig. An den Parkplätzen links ab in den Stolberger Wald und über den Höhenweg zum Birkenhof bei Venwegen. Hier rechts und bis an das Ortsende von Venwegen fahren. Weiter geht es nach rechts Richtung **Breinig**, am Ortseingang wieder rechts halten und hinter der Kirche links. Nach Überqueren der Gleise nach rechts und gleich links abbiegen. Der Weg führt durch Wingertsberg auf der K 22 nach Büsbach. In Büsbach an der Kirche rechts halten und geradeaus dem Tourenverlauf folgen. Hinter dem Schwimmbad und dem Sportplatz geht es erst rechts und dann links ab nach Unterstolberg. Im Tal, am Ende der Straße, biegt die Tour nach rechts ab und folgt dem Lauf des Vichtbaches an den Kupferhöfen vorbei nach **Oberstolberg**, dem Ausgangspunkt.

Info: Werbe- und Verkehrsreferat
der Stadt Stolberg,
Rathaus, 52222 Stolberg,
Tel.: 02402/13-499, Fax: 02402/13333

1 km
1:75 000

Aachener Naturschätze

Mehr als Dom und Printen

Aachen zehrt nicht nur von seinem Ruhm als Residenz Karls des Großen und Krönungsstätte deutscher Könige. Die Metropole des Dreiländerecks gilt auch als eine der »freizeitgünstigsten Städte Nordrhein-Westfalens«.

Schon der Name Aachen bedeutet schlicht Wasser. Zwei römische Legionsbäder lassen sich für den Stadtkern nachweisen, und nicht zuletzt waren es ja die heißen Quellen, die Karl den Großen für Aachen als Residenz erwärmten. Daß bereits die Römer den hiesigen Wassern vertraut hatten, blieb eine Empfehlung auch fürs neuzeitliche Badeleben: Aus dem Jahr 1546 datiert das erste Druckerzeugnis mit ausführlicher Beschreibung der Quellen und Brunnen, seine größte Anziehungskraft entfaltete Bad Aachen im 17. und 18. Jh. Unsere Tour trägt dem insofern Rechnung, als sie am Kurgarten bzw. im Stadtgarten beginnt.

Zur Natur kommen wir im Augustinerwald. An ihn schließt der ausgedehnte Stadtwald an, dem die Großstadt immer wieder einmal gefährlich auf den Leib zu rücken droht. Ohnehin ist dieser Forst den traurigen Weg fast aller hiesigen Wälder weit genug gegangen. Denn eigentlich müßten sich hier die verschiedenen Spielarten des Buchenwaldes ausdehnen, statt dessen beherrschen häufig die Nadelbäume.

Symbolpflanze des Stadtwalds könnte jedoch ausgerechnet ein Gehölz sein, das auf den ersten Laienblick wie ein Zwitter aus Laub- und Nadelbaum anmutet. Nun ist der Ilex zwar immergrün und sticht mit den – zugegeben nadelspitzen – Zacken seiner Blätter, aber deshalb ist er noch lange kein Nadelbaum. Im Stadtwald läßt er es zuweilen beim strauchigen Wuchs nicht bewenden, sondern wird baumlang. Und warum auch nicht? Schließlich ist er eine Art, die das ozeanische Klima mit seinen milden Wintern und verhältnismäßig kühlen Sommern liebt.

Unsere Wege kommen der belgischen und niederländischen Grenze ganz nah, bis sich der Radfahrer dann endgültig der Realität einer expandierenden Großstadt gegenübersieht: Großklinikum und diverse Neubauten der Technischen Hochschule haben der einst reizvollen Landschaft um den Schneeberg zweifellos übel mitgespielt.

Um so mehr empfiehlt sich nun ein Abstecher ins Zentrum der Kaiserstadt mit Dom und Rathaus. Zählt doch zu den ganz besonderen Glücksfällen der Kunstgeschichte, daß die grandiose Pfalzkapelle Karls des Großen erhalten blieb. Noch heute stehen die Fachleute vor dem Achteckbau und rätseln, wie schon damals ein derart gewaltiger architektonischer Wurf gelingen konnte. Übrigens wartet selbst das gotische Rathaus mit Mauerwerk aus karolingischer Zeit auf.

Weniger spektakulär gibt sich der Lousberg, an dessen Fuß unsere Route vorbeiführt. Aber die Wissenschaftler glauben, daß es hier schon während der Jungsteinzeit einen regelrechten Bergwerksbetrieb zum Abbau von Feuerstein gab. Damit hätte dieser langgestreckte Höhenrücken nicht nur für die Kulturgeschichte des Aachener Raums größte Bedeutung.

Und wer das Panorama der vielgestaltigen Landschaft um Aachen auf sich wirken lassen möchte, dem empfiehlt sich ein Gipfelsturm ohnehin. Hoffentlich wird das Drehcafé im hiesigen Wasserturm bald wieder geöffnet, denn es ist ein Aussichtspunkt ersten Ranges. Wenn, wie es die Floskel will, ein Turm weit ins Land grüßt, dann grüßt hier oben das Land in ebenso eindrucksvoller Art und Weise zurück.

Linke Seite: Blick auf die Aachener Altstadt mit Rathaus und Dom
Oben: Lousberg, Gartenhaus Mantels
Unten: Karlsbrunnen mit Sicht auf die Rathausfront

Wegverlauf: Stadtgarten (km) – Beverau (5) – Augustinerwald (5) – Aachener Wald (6) – Preuswald (3) – Vaalserquartier (6) – Hörn (4) – Salvatorberg (4) – Stadtgarten (2)

Länge: Rundkurs, ca. 35 km

Schwierigkeitsgrad: Mittel, Berg- und Talfahrt‹

Einkehrmöglichkeiten: In Aachen und entlang der Route

Anfahrt: Mit dem Fahrrad: R 22/ Die ›Kaiser–Route‹ (Aachen–Paderborn)/ Die ›Zwei-Länder-Route‹ (Aachen–Nijmwegen)
Mit der DB: Aachen Hbf
Mit dem Kfz: A 4 / A 44 / A 544

Die Tour:
Gestartet wird im **Aachener Stadtgarten** am Campingplatz. In südlicher Richtung geht es über die Thomashofstraße, die Aretz- und Kongreßstraße zur Pastor-Sophien-Straße. Hier links, dann rechts in die Viktoriastraße. Die Oppenhoffallee kreuzen, weiter über die Viktoriaallee bis hinter die Bahnunterführung. – Links lohnt ein Abstecher zum **Drimborner Wäldchen**. – Die Tour führt rechts weiter über den Forster Weg zum Branderhofer Weg. Hier links bergan und über die Adenauerallee hinweg zur Graf-Schwerin-Straße. Erneut nach links, hinter den Tennisplätzen am Waldfriedhof entlang und nach Überquerung des Beverbachs am zweiten Querweg rechts in den **Augustinerwald**. Die Route stößt im Wald auf den Dornbruchweg und geht nach Überquerung der Robert-Schumann-Straße weiter auf Stachelkreuzweg und Augustinerweg zur B 57 am Köpfchen. Hier geradeaus und dem Tourenverlauf über den Rotsiefweg, Hühnertalweg, Klausbergweg und Entenpfuhler Weg (links) zur Siedlung Preuswald folgen. Die Lütticher Straße wird nach rechts gekreuzt, weiter geht es auf dem Unteren Backertsweg, dann rechts bergan in Richtung Karlshöher Hochweg. Hier links ab und dem Höhenweg auf dem Friedrichweg durch den Friedrichwald folgen. An den Gleisen, die nach links überquert werden, stößt die Tour auf den Steppenbergweg. Weiter geht's ein Stück am Westfriedhof vorbei. Hier links nach Vaalserquartier abbiegen, an der Steppenbergallee rechts, dann links in die Gallierstraße und wieder rechts über die Kandelfeldstraße zur Vaalser Straße. Diese wird auf die Schurzelter Straße hin gequert, dann geht es rechts ab in den Philipp-Neri-Weg. Man quert den Neuenhofer Weg, und die Tour führt nun auf einem Radweg bis zur Pauwelsstraße. Rechts in diese einbiegen, sofort wieder links in den Worringer Weg. Die Route verläuft nun durch das Gelände der Technischen Hochschulen. Am Schneebergweg rechts halten, die nächste links bis zum Rondell. Von dort zum Huyskensweg und retour über die Forckenbeckstraße. So überquert man den Pariser Ring und erreicht Aachen-Hörn. Sofort hinter der Brücke nach links in den Radweg, dann rechts auf den Quellenweg, links Auf der Hörn, wieder links in die Ahornstraße und rechts auf den Seffenter Weg fahren. Hinter der Bahnunterführung rechts in die Geschwister-Scholl-Straße, die Turmstraße kreuzen und am Templergraben links. In Höhe der Pontstraße links, durch die verkehrsberuhigte Zone zur Kreuzherrenstraße und weiter über den Veltmanplatz und am Ehrenmal vorbei über die Kupferstraße auf den **Salvatorberg**. Nach rechts auf die Elsa-Brandström-Straße, die Krefelder Straße queren, links in die Rolandstraße. Sie mündet auf die Paßstraße, über die man nach rechts wieder den **Stadtgarten** erreicht.

Info: Verkehrsverein Bad Aachen e.V., Postfach 2007, 52022 Aachen, Tel.: 02241/1 80 29 60, Fax: 0241/1 80 29 30;
Vermittlung von Unterkünften und Organisation von Ein-Tages-Programmen: Informationsbüro Elisenbrunnen, Friedrich-Wilhelm-Platz, 52062 Aachen, Tel.: 0241/1 80 29 60,-61, Fax: 0241/1 80 29 31

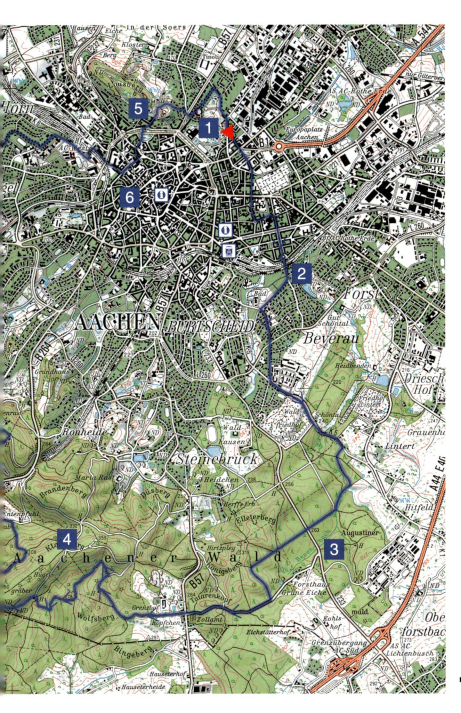

1. Kur- und Stadtgarten mit Eurogress-Zentrum und Spielcasino (s. S. 157)
2. Drimborner Wäldchen mit Tierpark
3. Augustinerwald (s. S. 157)
4. Aachener Wald (s. S. 157)
5. Salvator- und Lousberg (s. S. 157)
6. Historischer Stadtkern: Dom (Pfalzkapelle Karls des Großen, Schatzkammer; s. S. 157); Rathaus

Durch das Wurmtal

Auch eine Schlösserroute

Übach-Palenberg ist Ausgangs- und Endpunkt der Fahrt durch das Wurmtal. Entlang dem Flußlauf setzen immer wieder Burgen pittoreske Akzente im Landschaftsbild.

Nein, ein Revier ist er nicht mehr, der grenzübergreifende Steinkohlenbezirk an der Wurm. Vom Abbau künden nur noch ein paar Industriedenkmäler auf niederländischer und deutscher Seite (etwa das Verwaltungsgebäude samt Waschkaue in der Übach-Palenberger Carlstraße) sowie das Bergbaumuseum im niederländischen Kerkrade.

Nun muß das Flüßchen seinen Namen nicht mehr zur Bezeichnung einer Industrieregion hergeben, sondern kann für sich selbst stehen. So unscheinbar sich die Wurm auf der Karte ausnehmen mag, so gebieterisch macht sie sich in der Landschaft geltend. Vor vielen Jahrhunderten verlief hier bereits die Grenze zwischen den Grafschaften (späteren Herzogtümern) Limburg und Jülich und zumindest heute bietet das harmonische Ineins von (ehemaliger) Wehranlage und Flußszenerie auch etwas fürs Auge.

Das gilt gleich für die Rimburg südlich von Übach-Palenberg. Dabei ist die nicht einmal eine Perle des Burgenbaus. Zu viele haben sich seit dem 12. Jh. an ihr versucht – zuletzt 1899 ein Professor Kleesattel. Dennoch läßt sich wenigstens die Lage der früheren Wasserburg malerisch nennen. Hinzu kommt, daß hier die historische Konstellation von Burg und Bannmühle erhalten blieb. Die Rimberger ist sogar eine Doppelmühle, sie nutzte das Wasser der Wurm von beiden Seiten. Bannmühle hieß sie übrigens deshalb, weil die Untertanen nirgendwo anders ihr Korn mahlen durften.

›Malerisch im Wurmtal gelegen‹ ist auch Haus Zweibrüggen nördlich von Übach-Palenberg. Das Herrenhaus dieser gleichfalls gräftenumschlossenen Anlage ist ein nobler Bau in der Nachfolge des Brühler Schlößchens Falkenlust. 1788 errichtet, spielen seine Architekturformen freilich schon mehr ins Klassizistisch-Nüchterne. Aber von einer Grenzfeste hat es sicher nichts mehr.

›Malerisch im Wurmtal gelegen‹ – mehr noch trifft diese Wendung auf die Wasserburg Trips in Geilenkirchen zu. Dehio rechnet ihren Hauptbau unter die »interessantesten mittelalterlichen Burghäuser am Niederrhein«. Es hat zwar im 18. Jh. einige Veränderungen hinnehmen müssen, trotzdem blieb der Charakter einer Wehranlage aus dem 15. Jh. erhalten.

Doch nicht erst seit dem Mittelalter, schon zur Römerzeit herrschte an der Wurm reges Leben. In der kleinen, künstlich angelegten Seenlandschaft unterhalb von Palenberg stießen die Ausgräber auf Überreste eines römischen Gutshofs, dessen komfortables Badehaus wahrscheinlich direkt am Fluß lag.

Nach den Römern kamen die Franken. Und war bisher von Lokalitäten im Wurmtal die Rede, soll die Tour mit einer Sehenswürdigkeit über dem Wurmtal schließen. Die sogenannte Petruskapelle (in der Palenberger Frankenstraße) steht auf einem fränkischen Gräberfeld, Bestattungen seit dem 7. Jh. ließen sich nachweisen. Einer Holzpfostenkirche folgte Mitte des 11. Jh. ein erster Steinbau, dessen Mauerwerk unter anderem aus römischen Ziegeln besteht.

Die Veränderungen im 17. Jh. sind wohl auch darauf zurückzuführen, daß die Kapelle zu Verteidigungszwecken genutzt wurde. Es war halt eine unruhige Gegend, in der viele Fürstenhäuser um die Macht kämpften. Hinter den heutigen Grenzen muß sich niemand mehr verschanzen – und Radfahrer an der Wurm können sie ohne weiteres überqueren.

Linke Seite: Wasserschloß Trips, Geilenkirchen
Oben: Petruskapelle, Übach-Palenberg
Unten: Schloß Rimburg

1. Frühere Wasserburg Rimburg (s. S. 161)
2. Immendorf: Backsteinhäuser mit Barockgiebeln (um 1680)
3. Schloß Leerodt: Nurmehr Vorburg (1. Hälfte 17. Jh.) mit zweigeschossigem Torbau erhalten
4. Geilenkirchen: Schloß Trips, mittelalterliche Wasserburg (s. S. 161)
5. Geilenkirchen: Kath. Pfarrkirche St. Mariä Himmelfahrt, klassizistischer Zentralbau mit ansehnlicher Barockausstattung
6. Übach-Palenberg: Haus Zweibrüggen, Schlößchen von 1788 (s. S. 161)
7. Übach-Palenberg: Petruskapelle in Palenberg (s. S. 161)

1 km
1:75 000

Wegverlauf: Übach-Palenberg, Rimburg (km) – Herbach (2) – Immendorf (10) – Beek (6) – Himmerich (7) – Randerath (2) – Geilenkirchen (8) – Übach-Palenberg, Rimburg (7)

Länge: Rundkurs, ca. 42 km

Schwierigkeitsgrad: Mittel, starker Anstieg von Schloß Rimburg nach Hofstadt

Einkehrmöglichkeiten: In Geilenkirchen, Übach-Palenberg und Himmerich

Anfahrt: Mit dem Fahrrad: R 9 / R 20 / Die ›Limburgische-Rheinische-Radwanderroute‹ / Die ›Zwei-Länder-Route‹ (Aachen–Nijmwegen)
Mit der DB: Übach-Palenberg
Mit dem Kfz: A 4 / A 44 / A 46

Die Tour:
Ausgangspunkt dieser Radtour ist **Schloß Rimburg** in Übach-Palenberg. Vom Schloß aus geht es bergan durch den Rimburger Wald nach Hofstadt. Hier links abbiegen und weiter, die Land- und Kreisstraße passierend, nach Herbach. Geradeaus überquert man den Übach und fährt bis zum Ortsrand von Borscheln. Die Tour führt weiter nach links am Ortsrand entlang und quert die L 225. Am Ende des Weges links und gleich wieder rechts über die Daimler-Straße zur Friedrich-Ebert-Straße (K 27). Hier rechts und dann links auf die B 221. Bei Weißenhaus rechts, und über Waurichen und **Immendorf** nach Apweiler. Weiter geht es entlang dem Beeckfließ über Beeck nach Leiffarth. Hier nach rechts auf die L 364, am Ortsende links ab, die Gleise passieren und nach links an den Gleisen entlang bis zur zweiten Querstraße. Hier rechts, sofort wieder links und dann mit der zweiten Querstraße rechts die L 228 passieren. Weiter bis in den Bruchwald. Man biegt hier links ab und gelangt so in Himmerich auf die K 16. Hier nach links in Richtung Randerath abbiegen. In Randerath nach rechts und nach Überquerung der Wurm links halten. Die Tour führt nun auf ausgeschilderten Radwegen immer an der Wurm entlang, an **Schloß Leerodt** vorbei über **Geilenkirchen** und **Übach-Palenberg** zurück zur **Rimburg**.

Info: Amt für Wirtschafts-/Strukturförderung und Statistik des Kreises Heinsberg, Valkenburger Str. 45, 52525 Heinsberg, Tel.: 0 24 52/13-6 20

ROUTE 40

Zwischen Jülich und Linnich

Im Schatten der Zitadelle

Zu Unrecht lag Jülichs Zitadelle bisher abseits der öffentlichen Aufmerksamkeit. Aber auch das Rurtal zwischen Jülich und Linnich ist schon wegen des naturnahen Flußlaufs eine Tour wert.

Am Anfang der Planungs- und Baugeschichte stand eine Demütigung. Zunächst hatte Herzog Wilhelm V. von Jülich seine Chance gewittert, nach der Vereinigung seines Territoriums mit Berg, Kleve, Mark und Ravensberg zum mächtigsten Fürsten im Nordwesten des Reichs aufzusteigen. Er wäre diesem Ziel mit dem Gewinn des Herzogtums Geldern ein gutes Stück näher gekommen. Da aber trat ihm der Kaiser selbst entgegen. Der Geldrische Krieg endete 1543 für Wilhelm mit einem Desaster. Ihm blieben nur der Kniefall vor Karl V. und das ingrimmige Verlangen nach Festungswerken, die der überlegenen Feuerkraft des kaiserlichen Heeres standgehalten hätten.

Nun hat die Zitadelle von Jülich die Jahrhunderte nicht schadlos überstanden, doch zeugt es von einem schönen Sinn für historische Kontinuität, den ehemaligen inneren Vierflügelbau als Schulzentrum neu erstehen zu lassen. Den Eindruck einer Zuchtanstalt widerlegen allerdings die Lehrer, die freundlich den Weg zu dem erhaltenen, sorgfältig restaurierten Kapellenraum der Jülicher Festung weisen.

Vielleicht hat der hoffnungslose Zustand des Bauwerks seine Bedeutung lange verkennen lassen. Denn tatsächlich handelt es sich bei der Jülicher Zitadelle um das wichtigste Zeugnis italienischer Hochrenaissance im Rheinland. Seit Jahrzehnten ist das Werk Alessandro Pasqualinis (geboren 1493 in Bologna, gestorben 1559 in Bielefeld) Gegenstand umfangreicher denkmalpflegerischer Maßnahmen. Am Bauwerk gelten sie vor allem der Schloßkapelle im Osttrakt. Ihre Chorseite hat nun wieder das ursprüngliche Aussehen. Diese Fassadengliederung trifft genau den hohen Ton des epochentypischen Antike-Pathos, was ihrer Monumentalität jedoch nichts von der Bedrohlichkeit nimmt.

Am eigentlichen Festungswerk, in dessen Schutz der Schloßbau lag, wird immer noch heftig gearbeitet. Übrigens hat hier die Zusammenarbeit von Denkmalpflege und Naturschutz Früchte getragen. Wenigstens im heiklen Fall der Mauerkronen ist eine einvernehmliche Lösung gefunden worden: Statt Rollrasen und Jägerzaun entsteht jetzt ein ›lebender Verhau‹ mit Wallhecken aus Dornsträuchern.

Auch das Städtchen Linnich lohnt eine längere Pause – nicht nur deshalb, weil es auf halber Strecke liegt. Und wenn hier erst das Glasmalerei-Museum seine Pforten öffnen wird, können die Linnicher sogar auf eine Sammlung von europäischem Rang stolz sein. Aber auch die Rur ist einen Blick wert. Wenigstens zwischen Broich und Floisdorf darf sie sich so fortbewegen, wie das ein Flachlandfluß gewöhnlich tut: in eindrucksvollen weit schwingenden Mäandern. So gibt es hier wirklich noch die Kiesbänke, auf denen der äußerst seltene Flußregenpfeifer brüten kann.

Nicht allein die Mäander, auch der Pappel-Driesch hinter Jülich steht unter Naturschutz. Er ist eher ein Kulturdenkmal, Pappeln waren der Holzschuhbaum des ländlichen Raums und wurden als nachwachsender Rohstoff für die ›Klompen‹ gehegt und gepflegt. Vor Linnich bieten die Gehölzbestände längs der Rur durchaus die Möglichkeit, sich zu naturnahen Auenwäldern zu entwickeln. Sie wären gerade für diese intensiv genutzte Agrarlandschaft ein ungeheurer Gewinn. Das Umfeld macht um so sinnfälliger deutlich, was Flüsse für eine Region sind: Lebensadern.

Linke Seite: Ehemalige Schloßkapelle in der Jülicher Zitadelle
Oben: Motte bei Jülich-Altenburg

ROUTE 40

Wegverlauf: Jülich (km) – Broich (4) – Körrenzig (8) – Linnich (3) – Welz (3) – Ederen (1) – Barmen (5) – Koslar (2) – Jülich (2)

Länge: Rundkurs, ca. 28 km

Schwierigkeitsgrad: Leicht, keine nennenswerten Steigungen

Einkehrmöglichkeiten: In Jülich, bei Ivenhain und in Linnich

Anfahrt: Mit dem Fahrrad: R 11 / R 20
Mit der DB: Jülich
Mit dem Kfz: A 44

Die Tour:

Die Tour startet in **Jülich** an der Minigolfanlage und führt an der Rur entlang in Richtung **Broich**. Hinter der Autobahnunterführung geradeaus weiter und an Haus Broich vorbei in Richtung Tetz. Hier geht es links ab und zwischen Tetz und dem Naturschutzgebiet hindurch weiter bis an den Ortsrand von Körrenzig. Links abbiegen, nach Überquerung der B 57 und der Rur wieder links und am Fluß entlang geradeaus auf **Linnich** zu weiterfahren. Nach rechts in den Ort abbiegen und hinter der zweiten Kirche links am Merzbach entlang nach Welz. Hier rechts ab und auf der K 12 nach Ederen. Im Ort links ab auf die K 6 in Richtung Koslar, am Ende des Fahrradweges links ab nach Merzenhausen und weiter zur Wassermühle und zu Haus Overbach in **Barmen**. – Hier lohnt ein Abstecher durch den Ort zum **Schloß Kellenberg**. – Die Tour selbst zweigt schon kurz vor Haus Overbach rechts ab und führt nun zunächst auf dem Radweg neben der K 6 in Richtung Jülich. Am Ortsrand von Koslar von der Kreisstraße rechts abbiegen, im Ort hinter der Kirche links, hinter der Brücke rechts und an der nächsten Kreuzung wieder links. Man fährt nun, die Autobahn unterquerend, auf Jülich zu und biegt vor der Rur noch einmal nach rechts ab. An der Hauptstraße angelangt, geht es nach links über die Brücke wieder zum Ausgangspunkt der Tour in **Jülich**.

Info: Stadtverwaltung Jülich, Neues Rathaus, Große Rurstr. 17, 5242 Jülich, Tel.: 02461/630

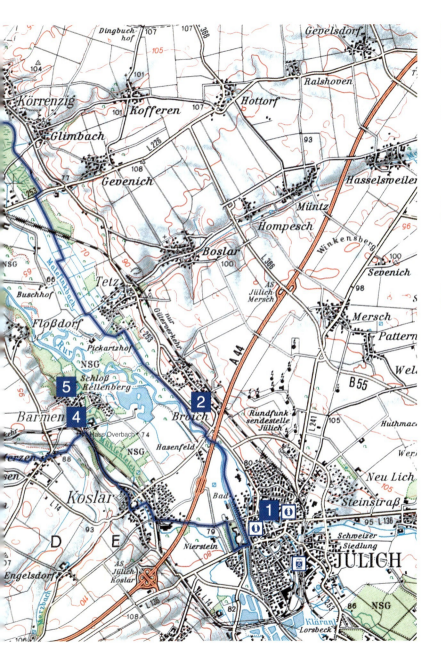

1 Jülich: Zitadelle (s. S. 165)

2 Abstecher Haus Broich: Wasserschloß, 17. Jh.

3 Linnich: Kath. Pfarrkirche St. Martin, stattliche spätgotische Backstein-Hallenkirche mit romanischem Westturm und bemerkenswertem Hochaltar

4 Barmen: Kath. Pfarrkirche St. Martin, spätgotische Backsteinkirche mit romanischem Westturm, einziger erhaltener Apostelbalken des Rheinlands

5 Abstecher Schloß Kellenberg: Wasseranlage mit Haupt- und Vorburg, 15.-19. Jh.

1 km
1 : 50 000

Abbildungs- und Kartennachweis

Farbabbildungen
Bengel, Michael (Köln): S. 97 oben/unten

Berger, Ulrich (Bonn): S. 113, 117 oben

Bermes, Regina (laif/Köln): S. 77

Flinspach, Karlheinz (Köln): S. 64, 65 oben, 68 f.

Gaasterland, Achim (Köln): S. 96, 116, 124, 129 unten, 136, 137 oben, 140, 141 oben, 156

Grönert, Max (Köln): S. 16, 53 oben/unten

Haafke, Udo (Ratingen-Lintorf): S. 60, 61 oben

Huber, Gernot (laif/Köln): Titelbild, S. 92 f., 108 f.

Jakob, Christoph (Düsseldorf): S. 85 oben, 88

Jeiter, Michael (Morschenich): S. 129 oben, 132, 141 unten, 144, 148, 152, 166, 161 oben/unten, 164

Juling, Petra (Bonn): S. 105 oben, 112, 117 unten

Ligges, Wulf (Flaurling, Österreich): S. 7, 9 oben, 12 f., 17 oben, 20, 21 oben, 49 oben, 52, 57 oben/unten, 120, 121 oben

Laschet, Christoph (Aachen): S. 153 unten

Otto, Werner (Oberhausen): S. 8, 25 oben, 44, 45 oben, 72 f., 76, 77 oben, 80 f., 84

Purpar, R. (Meerbusch): S. 9, 28, 29 oben, 32, 33 oben, 36 f., 40 f., 45 unten, 48, 49 unten, 56, 100, 101 oben, 128, 145, 149 oben/unten, 153, 157 oben/unten, 165

Rodenkirchen, Jochen (Erftstadt-Scheuren): S. 25 unten, 33 unten, 61 unten, 65 unten, 121 unten, 133 oben/unten

Schleußer, Wilhelm (Krefeld): S. 17

Specht, Heiko (laif/Köln): S. 104, 105 unten

Stamm, Robert (Köln): S. 21 unten, 29 unten, 85 unten, 89 oben/unten, 101 unten, 137 unten

Karten
Die Karten in den Umschlaginnenseiten erstellte Volker Steinbeck (Kaarst)

Die Vorlagen für die Routenkarten wurden von den Landesvermessungsämtern Nordrhein-Westfalen und Rheinland-Pfalz zur Verfügung gestellt:
Landesvermessungsamt NRW: C 4302 (1:100000/Tour 1, 2, 3, 4), C 4702 (1:100000/Tour 4, 5, 7, 8, 10), L 4704 (1:50000/Tour 6, 11, 12, 13), L 4702 (1:50000/Tour 6), C 5102 (1:100000/Tour 8, 9, 37, 39), L 4904 (1:50000/Tour 13), L 4902 (1:50000/Tour 13), L 4706 (1:50000/Tour 14), C 5106 (1:50000/Tour 15, 22, 23, 24, 25, 26), L 5108 (1:50000/Tour 16), L 4908 (1:50000/Tour 16, 19), C 5110 (1:100000/Tour 17), L 4708 (1:50000/Tour 18, 19), L 4710 (1:50000/Tour 18, 19), L 4910 (1:50000/Tour 19), L 5110 Waldbröl (1:50000/Tour 20, 21), L 5308 (1:50000/Tour 21, 28, 29), C 5506 (1:100000/Tour 22, 25, 26, 27, 31, 33, 34), L 5506 (1:50000/Tour 30), L 5306 (1:50000/Tour 30), C 5502 (1:100000/Tour 31, 32, 33, 34, 35, 37), C 5902 (1:100000/Tour 34), C 5906 (1:100000/Tour 34), L 5302 (1:50000/Tour 36, 38), L 5102 (1:50000/Titelbild, Tour 40), L 5104 (1:50000/Tour 40). – Die Karten im Maßstab 1:100000 wurden auf 1:75000 vergrößert.
Landesvermessungsamt Rheinland-Pfalz: L 5310 (1:50000/Tour 20, 21)

Register

Aachen **157**
Aachener Wald 158 f.
Aegidienberg 121 ff.
Aengenesch (Geldern) 25 ff.
Aerbeck 31
Ahr, Fluß 137
Alfter 115
Alkenrath 67
Allner (Hennef) 90 f.
Alter Bach, Fluß 131
Alter Nordkanal 30 f.
Altstadt (Düsseldorf) 58
Altstadt (Köln) 98
Altwindeck 86
Antwerpen 37
Appeldorn 18
Arsbeck 43
Asselborn 71
Asselborner Bachtal 69
Augustinerwald (Aachen) 158 f.

Baegert, Derick, Maler 25
Bad Godesberg 123
Bad Honnef 123
Bad Münstereifel **133 ff.**
Balkhoven 43
Barmen (Wuppertal) 78
Barmen (Niederrhein) 166
Bayenthal (Köln) 99
Becke 74
Beeck (Geilenkirchen) 163
Beek (Wegberg) 41 f.
Benrad (Krefeld) 50 f.
Benrath (Düsseldorf) 59
Berg 165
Bergerhof 83
Berggeistsee 109 ff.

Berghausen 74
Bergheim 94
Bergisch Gladbach **69**
Bergisches Land 7, 70, 77
Berrenrath 106
Berrenrather Börde 107
Berscheidt 127
Bethanien 70
Beulskopf, Erhebung 127
Bever, Fluß 79
Beverau (Aachen) 158
Beverbach (Aachen) 158
Bevertalsperre 81 ff.
Beyenburg 77 ff.
Bienen 15
Bienener Altrhein 13 f.
Bimmen 10
Blankenheim **137 ff.**
Blankenheimersdorf 138
Bleibach, Fluß 146
Bleibtreu, Burg 155
Bliesheim 105 ff.
Blumenthal (Hellenthal) 146
Bockerter Heide 53 f.
Bödingen 89 ff.
Boinghausen 74
Boisheim 33, 35, 38
Bollenberg 42 f.
Bonn 110, **117**
Born 38 f.
Bornheim **109 f.**
Borsbach 71
Borscheln 163
Boschbeecktal 37, 39
Bösinghoven 51
Braßhagen 81, 83
Breinig 153 ff.

Breiniger Berg, Erhebung 155
Breitenbenden 131
Brempt 38 f.
Brempter Mühle 38
Brenig, Wasserturm 111
Breyell 34
Breyeller See 33
Broich 166
Bröl, Fluß 89 f.
Bruch 83
Brucher Talsperre 74 f.
Brüggen (Kerpen) 106 f.
Brüggen (Niederrhein) **37 ff.**
Brühl 105 ff., 113
Brüngsberg 122
Bücken, Benedikt, Klosterbruder 45
Burbach (Hürth) 106 f.
Bürgerbusch 65, 67
Bürgerbuschbach 65
Büsbach 155
Buschberge 31
Buscherend 31
Buschhorn 71
Buschhoven (Alfter) 114 f.

Carl Theodor von der Pfalz 57
Chorbusch 101
Cisrhenanische Republik 125
Clemens August, Kölner Kurfürst, Wittelsbacher 49, 113, 117
Cotte, Robert de, Architekt 117

Dahl (Marienheide) 73 f.
Dahlerau 77 ff.
Dahlhausen 77 ff.
Dattenfeld 85 ff.
De-Witt See 33

Delhoven (Dormagen) 102 f.
Deutschland 37
Deutz (Köln) 97 ff.
Dhünn, Fluß 65, 67
Dhünnaue 65 f.
Diepeschrather Mühle 66 f.
Dietrich IV. von Manderscheid-Schleiden 145
Dietrich VI. von Manderscheid-Schleiden 145
Dietrich von Oberlothringen, Pfalzgraf 125
Dollendorf 138
Dollendorfer Mulde 137
Donsbrüggen, Windmühle 10 f.
Doppenberg 63
Dormagen 103
Dornick 14 f.
Driesch 90
Drimborner Wäldchen (Aachen) 159
Düffel 9
Duisburg 7
Dülken 38
Dünnwald (Köln) 65 f.
Dürhagen 82 f.
Düssel, Fluß 61, 63
Düsseldorf **57 ff.**, 61

Ederen 166
Ehrental 111
Eicherscheid 134
Eicks, Schloß 130 f.
Eifel 7, 125, 137, 145
Eiserfey 131
Elbsee 58
Elisabeth Auguste von der Pfalz 57
Eller (Düsseldorf) 59
Eller Forst 58, 61
Elmpt **37**
Elmpter Schwalmbruch, NSG 39
Elmpter Wald 37 f.
Eltenberg 9
Emmerich 7, **13 ff.**
Emmericher Eyland 13
Engelgau 134
Engelshagen 81 ff.
Engelskirchen 74
Ennert (Bonn) 117 f.

Erft, Fluß 105, 107, 133 f.
Erlenbach 83
Eschauler Berg 142
Eschenhof 151
Eschweide 151
Euskirchener Bucht 125
Ezzo, Pfalzgraf 125

Feldhofer Grotte 61
Finkenberg, Erhebung 153
Fischeln (Krefeld) 51
Flamersheimer Wald 125
Flassenberg 42
Flehe (Düsseldorf) 57
Flerzheim 126
Fleuth 155
Fontane, Theodor, Schriftsteller 57
Forstwald (Krefeld) 49 f.
Fossa Eugenia 25, 27
Foveaux, Heinrich Josef, Schnupftabakfabrikant 117
Freilingen 138
Freilinger See 138 f.
Friede von Campoformio 125
Friedrich Leopold, Graf zu Stolberg 61
Friedrich Wilhelm von Brandenburg, Großer Kurfürst 9
Frohngau 134
Fuhlrott, Johann Carl, Wuppertaler Gymnasialprofessor 61
Fuhrtsbach, Fluß und NSG 149 f.

Garschagen 78
Garzweiler II. 29
Geilenkirchen 161 ff.
Geismühle 50 f.
Geldern **25 f.**
Gellep (Krefeld) 49
Geneiken 42
Genfbach, Fluß 133 f.
Genfeld 42
Genhof 42
Genhülsen 55
Gerkerathwinkel 55
Gerresheim (Düsseldorf) 62 f.
Gestfeld 47
Gierzhagen 86
Gilsdorf 134 f.

Gimborn, Schloß 73 ff.
Glehn 130 f.
Goch **21 ff.**
Grafenwerth (Rheininsel) 122
Grefrath 33 f.
Gressenich 155
Grieth 14 f.
Gripekoven 42
Groß-Schlebach 127
Großberghausen 83
Großheide (Mönchengladbach) 55
Großhöhfeld 83
Gummersbach **73 ff.**
Gut Gnadental 10 f.
Gymnich (Erftstadt) 105 ff.

Haag, Wasserschloß 25 f.
Hamm (Düsseldorf) 58 f.
Hammerberg, NSG 154 f.
Hardt 53, 55, 78
Hardter Wald 53, 55
Hariksee 39
Harscheidt 142
Harzheim, NSG 134
Hastenrath 155
Haus Waldfrieden 55
Heiliges Römisches Reich Deutscher Nation 125
Heimatblick, Ausflugslokal 111
Heimbach **141**, 143
Heisterbach, Kloster 121 f.
Heistert, Gut 151
Hellenthal **146**
Hellenthal, Wildfreigehege 146
Hengsten 78
Hennef **89 ff.**
Herbach 163
Herchen 86 f.
Herdt 53, 55
Herkenrath 70
Herongen 31
Herrenstrunden 69 ff.
Hersel 109 ff.
Hetzingen 142
Himmelgeist (Düsseldorf) 57 f.
Himmerich 123, 163
Hinsbeck 30
Hitdorf (Leverkusen) 66 f.

Hochdahl (Haan) 63
Hochelten 9
Höfen 150
Holderberg 47
Hollein, Hans, Architekt 53
Hollerath 146
Holt (Mönchengladbach) 55
Holzmülheim 134 f.
Honscheid 90
Hörn (Aachen) 158
Hubbelrath 63
Hübsch, Heinrich, Architekt 79
Hückeswagen **81 ff.**
Hülsenbusch 74
Hummelsheim 67

Immendorf 162 f.
Inrath 51
Isabella Clara Eugenia 25
Issum **25 ff.**
Issumer Fleuth, NSG 25 ff.
Ittenbach 122
Itter (Düsseldorf) 59
Ivenhain 166

Jan an der Fähr, Ausflugslokal 22 f.
Jodokuskapelle 138 f.
Johann Moritz von Nassau-
   Siegen 9 f., 17
Jülich 125, 161, **165 f.**
Jülich-Zülpicher Lößbörde 109

Kalbeck, Schloß 22 f.
Kall **129**, 131
Kalterherberg 150 f.
Kamberg 146
Kamp, Kloster 45 f.
Kamp-Lintfort 45 ff.
Kapellen 46 f.
Karl der Große 157, 159
Karl V., Kaiser 165
Katterbach 66 f.
Keeken 10 f.
Keldenich (Kall) 129 f.
Keldenich (Walberberg) 110
Kendenich (Hürth) 106 f.
Kermeter, Berg 141
Kevelaer 17, **21 ff.**

Klein Altendorf 126
Kleinberghausen 83
Kleinhöhfeld 83
Kleve 7, **9 ff.**, 165
Kliedbruch 51
Knechtsteden, Abtei **101 ff.**
Knechtsteder Busch 102 f.
Köln 73, **97**, 125, 129
Kölner Bucht 69 f.
Kölschbach, Wüstung 85
Kommende Ramersdorf 117 f.
Kommern (Mechernich) 129 ff.
Königsfelder Tal 131
Königsforst (Köln) 69 ff.
Konradsheim, Burg 106 f.
Körrenzig 166
Koslar 166
Kothausen 55
Kotten 83
Kottenforst 69, **113**, 115, 125
Kranenburg 10 f.
Kranenburger Bruch 9
Krefeld **49**
Krewinkel 155
Krickenbeck, Schloß 29 f.
Krickenbecker Seen **29**, 31, 33
Kriegsdorf 94
Kurtenberg 126 f.

Laaken (Wuppertal) 78
Lampertstal, NSG 137 ff.
Langel (Köln) 94
Langenbach, Fluß 149
Langerfeld (Wuppertal) 78
Lechenich 105 ff.
Leerodt, Schloß 162 f.
Leiffarth 163
Leppe, Fluß 73
Leppetal 74
Leverkusen **65**, 67
Liblarer Mühlengraben 107
Libur (Köln) 93 ff.
Liethenburg 63
Limburg 161
Lind 34 f.
Linn 49 ff.
Linnich 165 f.
Litterscheid 90

Loch 126
Locksiefen 86
Lommersdorf 138
Loosen 35
Lousberg (Aachen) 157, 159
Ludwig XIV., Sonnenkönig 145
Lülsdorf 94 f.
Lusebusch 78
Lüsekamp, NSG 37 f.

Maas, Fluß 13, 41, 129
Maas-Schwalm-Nette, Naturpark
   7, 29, 41
Mann, Thomas, Schriftsteller 57
Margarethenhöhe 121, 123
Marienbaum 17 ff.
Marienheide 73 ff.
Mark 165
Marscheider Wald 78
Materhorn 11
Mechenicher Triasbucht 129, 141
Mechernich **129 ff.**
Mehr 11
Meide 58 f.
Meisheide (Bergisch Gladbach) 70 f.
Mengenberg, Konrad von, mittel-
   alterlicher Gelehrter 53
Menzelsee 58
Merbeck 42 f.
Merten (Bergisches Land) **89 ff.**
Merten (Ville) 110
Merzbach 127
Merzbach, Fluß 166
Merzenhausen 166
Mickenhagen 83
Millingen 9, 11
Mittel 86
Mittelgebirge 7
Moers **45 ff.**
Moitzfeld 71
Mönchengladbach **53 ff.**
Mondorf 94
Monschau **149 ff.**
Monschauer Heckenland 149
Moorshoven 42
Morsbroich, Schloß 65 ff.
Mucher Wiesental 121 ff.
Mühlenbach, Fluß 42 f., 107

Mühlenfeld 78
Mühlrather Mühle 38 f.
Mülheim (Köln) 98 f.
Mülheim 138
Müllenbach 73, 75
Müllensiepen 83
Mützenich 151

Napoleon 37
Neander, Joachim 61
Neandertal, NSG **61 ff.**
Neersdommer Mühle 30 f.
Nees von Esenbeck, Gottfried Christian, Professor 117
Nette, Fluß 29
Nettebruch See 33
Nettersheim 129, **133 f.**
Nettetal 33
Nettetaler Seenkette, NSG 33 f.
Neue Niers 33
Neuhaus 146
Neunkirchen-Seelscheid, Staatsforst 85f.
Neunkirchen-Vluyn 45 ff.
Nideggen **141 ff.**
Niederdollendorf (Königswinter) 118, 122f.
Niederdrees 127
Niederholtdorf 118
Niederkassel 93 f.
Niederkrüchten 37 f.
Niederlande 11, 37
Niedermörmter 18
Niederrhein 9, 49, 101
Niel 11
Niep 47
Niers, Fluß 21 f., 30
Nievenheim (Dormagen) 103
Nochen 74
Nonnenbach 138
Nonnenwerth (Rheininsel) 122
Noppik 47
Norbert von Xanten 101
Nordrhein 7
Nöthen 134
Nutscheid, Berg 85

Oberauel 90
Oberdrees 126 f.
Oberkassel 118
Oberleppe 74
Obermörmter 19
Oberprether Mühle 146
Oberstolberg 155
Oerath 42
Oermten 47
Oermter Berg 45 f.
Oirlich 34
Olef, Fluß 145
Oleftalsperre 145 f.
Olper Höhe 78
Opladen 66
Oppum (Krefeld) 51
Otto II., Kaiser 113
Otto-Maigler-See 105 ff.
Overhetfeld 38 f.

Paffrath 69 ff.
Pasqualini, Alessandro, Architekt 165
Peppenhoven 127
Perlenbach, Fluß und NSG 149 f.
Pesch (Nettersheim) 134 f.
Philipp II., spanischer König 25
Pigage, Nicolas de, Oberbaudirektor 57
Pingsdorf 106 f.
Pletschbach, Fluß 103
Pochetal 86 f.
Poller Wiesen 97
Poppelsdorf (Bonn) 118 f.
Porz (Köln) 94, 97, 99
Porz-Wahn (Köln) 94
Preußen 49
Preuswald (Aachen) 158
Pütterhöfe 35
Pützchen (Bonn) 117 f.

Quartbach, Fluß 133
Queckenberg 127

Rädereichen 83
Radevormwald **81 ff.**
Randerath 163
Rasseln 55
Ravensberg 165
Rayen 47
Rees 7
Reeser Schanz, NSG 18 f.
Refrath 70 f.
Reichenstein, Gut 151
Reifferscheid **145 f.**
Rescheid 146
Rhein 7, 9, 13, 17, 57, 65, 93 f., 97, 101, 109 129
Rheinauenpark (Bonn) 117 ff.
Rheinbach **125 ff.**
Rheinberg 25
Rheindorf (Leverkusen) 66 f.
Rheinkassel (Köln) 66
Rheinpark (Köln) 98
Rheurdt 47
Rheydter Höhe 54 f.
Riehl (Köln) 99
Rimburg, Wasserburg 161 ff.
Ripsdorf 137 ff.
Rodenkirchen 97, 99
Roermond 37
Roisdorf 110
Rolandseck 123
Rolandswerth 122
Romaney 70
Rommen 86
Rosbach 85 ff.
Rösberg, Burg 111
Rotbach, Fluß 107
Röttgen (Bonn) 113 ff.
Rur, Fluß 141, 149
Rur-Eifel 145
Rurberg 142
Rurtal 141 f., 165
Rurtalsperre 141 ff.

Saal 86
Salvatorberg (Aachen) 158 f.
Schaephuyser Höhen 45, 47
Schilling, Wilhelm, Ritter 113
Schirick 35
Schlachten an der Hückelmay 33, 49
Schlade, Fluß und NSG 69 ff.
Schladern 86
Schlebusch (Leverkusen) 65, f.
Schleiden 151
Schleidener Tal 145 f.
Schliebach, Fluß 142
Schluchter Heide 69
Schmidt 142

Schönau 134 f.
Schönhausen 42
Schottheide 11
Schravelen 23
Schuhmacher, Gerhard, Krefelder Kaufmann 49
Schwaam 43
Schwalm, Fluß 38, 41 f.
Schwalmtal 38, 42 f.
Schwanenberg 42
Schwarzbach 63
Schwarzbachtal 61 f.
Sechtem 109 ff.
Siebengebirge 61, 70, 117, **121**
Sieg, Fluß 85 f., 89, 93 f.
Siegaue 94 f.
Sieglar (Troisdorf) 93 f.
Siegtal 85 f., 90
Siemerkusen 74
Silbersee 103
Sittard 34
Speick (Mönchengladbach) 55
Sponheim, Hugo von, Domdechant 101
Springenberg 9
Stadt Blankenberg 90 f.
Stadtgarten (Aachen) 158
Stadtwald (Aachen) 157
Stadtwald (Düsseldorf) 61, 63
Stadtwald (Krefeld) 49 ff.
Steffenshagen 81
Stenzelberg, Steinbruch 122 f.
Stockum 90
Stolberg **153 ff.**
Stolberger Wald 155
Strunde, Fluß 69
Strundetal 69
Stürzelberg 103
Süchtelner Höhen **33 f.**

Tanzberg, Berg 129
Tetz 166
Todenfeld 126 f.
Tomburg, Ruine 125 f.
Troisdorf 93 f.
Tüschenbroich, Schloß 41 f.

Übach-Palenberg **161 ff.**
Uda, Burg 33 f.

Udenbreth 146
Unterbach 63
Unterbacher Seen 57 f., 61 ff.
Unterbarmen (Wuppertal) 78 f.
Unterstolberg 155
Urdenbacher Altrhein 58
Urfey 131
Urft, Fluß 133

Vaalserquartier 158
Venekotensee 38
Venlo 25, 37
Venwegen 155
Verberg (Krefeld) 51
Veybach, Fluß 129
Vicht 155
Vichtbach, Fluß 155
Vichttal 153
Viersen 33 f., 53
Ville, Staatsforst 105 ff., 109
Villenhofer Maar 107
Villeseen 106
Vinkrath 31
Vochem 106
Voißel 131
Voiswinkel 70 f.
Vollem 131
Voursenbeck 31
Vrasselt 15
Vussem 129 ff.
Vynen 18

Waal, Fluß 9
Wachtendonk 29 ff.
Walberberg 109 ff.
Waldorf 110
Weeze 23
Wegberg **41 f.**
Wegberger Wald 43
Weilberg, Steinburch 122
Weiß (Köln) 99
Weißenhaus 163
Weißer Rheinbogen 98
Weldergoven 90
Welz 166
Wesseling 94
Westfalen 7
Wetten 26

Wevelinghoven 34
Widdig 109 ff.
Wiehagen 83
Wiesen 146
Wilhelm V., Herzog von Jülich 165
Wilhelmstal 78 f.
Windberg (Mönchengladbach) 55
Windeck, Burgruine 85 ff.
Windecker Ländchen **85**
Wingertsberg 155
Winnenberg 63
Wissel 14 f.
Wisseler Dünen, NSG 13 f.
Wisseler See 14
Wissen, Schloß 21 ff.
Witgenhöhe, Erhebung 146
Witterschlick 115
Woffelsbach 142
Wolfert 146
Wolferter Bach, Fluß 146
Womersdorf 126
Wupper, Fluß 65, 67, 77 f., 81
Wupperaue 65 f.
Wuppertal **77**
Wuppertalsperre 81 ff.
Wurm, Fluß 161, 163
Wurmtal 161
Wyler 11

Xanten 7, **17 ff.**
Xanten, Staatsforst 47
Xantener Hochwald 17 ff.

Zerkall 142
Zingsheim 134
Zons **101 ff.**
Zonser Grind 101 ff.
Zündorf (Köln) 94 f., 99
Zündorfer Groov 95
Zweiffel, Burg 69 f.
Zwirner, Ernst Friedrich, Dombaumeister 105
Zyfflich 9 ff.

Notizen

Notizen

Freizeitkarten 1 : 50 000
mit Wander- und Radwanderwegen

Landesvermessungsamt
Nordrhein-Westfalen

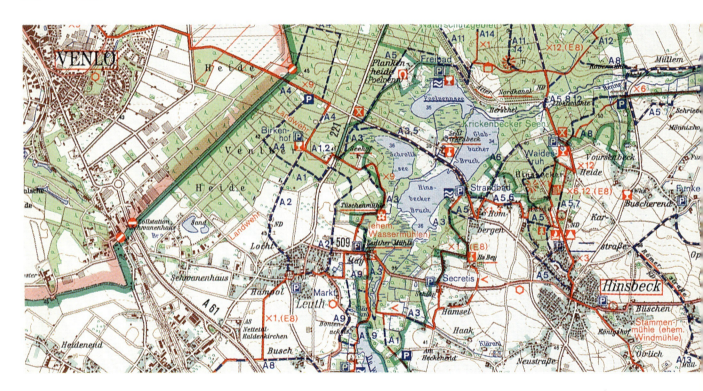

**Karten im Buchhandel
und beim Vertrieb des
Landesvermessungsamtes
Nordrhein-Westfalen**

Muffendorfer Straße 19-21
53177 Bonn
Telefon (0228) 8 46-5 35 / 5 36
Telefax (0228) 8 46-5 02

Der Niederrhein

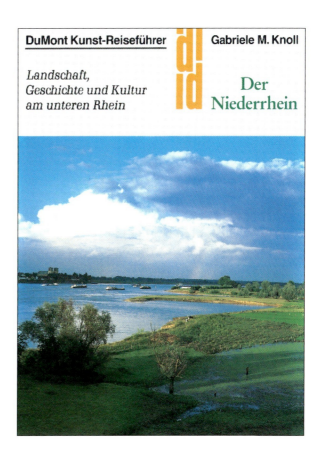

»In der Reihe der DUMONT Kunst-Reiseführer ist der Band ›Der Niederrhein‹ erschienen. Autorin Gabriele Knoll hat mit Sorgfalt und aufbauend auf eigenen Recherchen und Bereisungen sehr aktuell und vernünftig die Denkmäler nicht nur der großen Städte wie Düsseldorf, sondern auch die Schönheiten kleiner Orte aufgeführt. Dies alles wird in einen knappen, aber ausreichend historischen Rahmen gestellt. Ein Buch, das zu Ausflügen reizt und das Bekannte oft in neuem Licht erscheinen läßt.« *Neue Ruhr Zeitung*

»Der besondere Reiz dieses Kunst-Reiseführers macht die Mischung aus Kultur- und Wirtschaftsgeschichte aus. Neben den über die Stadtgrenzen hinaus bekannten Sehenswürdigkeiten beschreibt die Autorin auch eher unbekannte, wie den Taufkeller des orientalischen Kybele-Kultes in Neuss-Gnadental. Kybele bedeutet übrigens Magna Mater oder Große Mutter.
Nicht nur Touristen, sondern auch Einheimische finden in dem Werk viele Informationen und Anregungen für Ferien und Wochenendausflüge.« *Rheinische Post*

»In bewährter Form und Qualität: der DUMONT Kunst-Reiseführer über den Niederrhein. Eine empfehlenswerte Lektüre für Reisende und Einheimische.« *Kölnische Rundschau*

Landschaft, Geschichte und Kultur am unteren Rhein
Von Gabriele M. Knoll. 392 Seiten mit 29 farbigen und 102 einfarbigen Abbildungen, 124 Plänen und Zeichnungen, 15 Seiten praktischen Reisehinweisen, Glossar, Literaturverzeichnis, Register, kartoniert (DUMONT Kunst-Reiseführer)

Das Bergische Land

»Das ›Bergische Land‹ ist in erster Linie ein historischer, weniger ein geographischer Begriff. Auf der Reise durch dieses Land, auf der Bernd Fischer den Leser sachkundig begleitet, entdeckt man bedeutende Kunstwerke wie den Altenberger Dom, Industriedenkmäler wie die Wuppertaler Schwebebahn und die erste deutsche Talsperre bei Remscheid, Burgen und Schlösser, eindrucksvolle Landschaften und gigantische Industrieanlagen wie in Leverkusen. Was aber den Charme des Landes ausmacht ist – trotz aller Lebendigkeit – seine Verborgenheit, die heimelige Stille. Ein eigenes Kapitel, geschrieben von Hermann Josef Roth, ist der Geologie gewidmet. Praktische Reisehinweise ergänzen das Buch, das als Motto einen Satz von Else Lasker-Schüler trägt ›Am schwärzesten Fluß der Welt, der Wupper, lernt man erkennen, welche Menschen leuchten‹.«
Frankfurter Allgemeine Zeitung

»Das Gebiet zwischen Ruhr und Sieg, das seinen Namen dem Grafen von Berg verdankt, bietet eine Vielzahl historischer und kultureller Sehenswürdigkeiten. Viele Abbildungen, Zeichnungen und Pläne, versehen mit einem ausführlichen Text, vermitteln einen guten Eindruck dieser ›buckeligen Welt‹.«
Ruhr Nachrichten

Kultur, Geschichte, Landschaft zwischen Ruhr und Sieg
Von Bernd Fischer. Mit einem Beitrag von Hermann Josef Roth ›Das Bergische Land für Naturfreunde‹. 320 Seiten mit 67 farbigen und 154 einfarbigen Abbildungen, 70 Zeichnungen und Plänen, Register, 16 Seiten praktischen Reisehinweisen, kartoniert (DUMONT Kunst-Reiseführer)

Aachen und das Dreiländereck

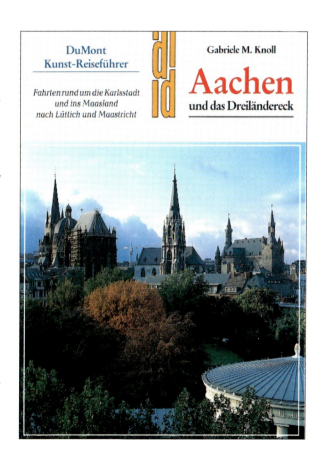

»Es sind die zahlreichen anekdotischen Einschübe, die aus Gabriele M. Knolls Aachen-Führer ein überdurchschnittliches Lesevergnügen machen. Der Aachen-Reisende und der, der es werden will, werden mit allen Besonderheiten der alten Kaiserstadt vertraut gemacht, kundig durch Kirchen und Museen und Gassen geleitet und schließlich noch in der Umgebung herumgeführt. Dabei macht sie vor Staatsgrenzen nicht halt und macht so die Grenzlage Aachens und sein belgisch-niederländisches Hinterland erfahrbar.«

Frankurter Allgemeine Zeitung

»Zwei Paar Schuhe habe sie verschlissen und ihre heimliche Liebe zu einer Stadt gefunden. Man merkt es dem Werk an. Gabriele Knoll hat sich aufgemacht, Aachen und das Dreiländereck zu entdecken. Sie schrieb einen Reiseführer, der nicht nur für Fremde lesenswert ist. Mit sehr viel Detailkenntnis, die nicht zuletzt durch lange Fußmärsche durch die Karlsstadt entstanden, kann das Buch auch die Einheimischen erfreuen.
Der DUMONT Kunst-Reiseführer ist neben dem lesenswerten Text mit hervorragenden Farbfotos ausgestattet. Aber auch historische Ansichten und alte Bilder sind willkommene Blickfänge.« *Aachener Volkszeitung*

Fahrten rund um die Karlsstadt und ins Maasland nach Lüttich und Maastricht
Von Garbiele M. Knoll. 320 Seiten mit 31 farbigen und 153 einfarbigen Abbildungen, Zeichnungen, Karten und Plänen, 18 Seiten praktischen Reisehinweisen, Register, kartoniert (DUMONT Kunst-Reiseführer)

Der Rhein von Mainz bis Köln

»Informativen Kurzkapiteln über Rheinromantik, Landschaft, Wein, Geschichte und Kunst am Mittelrhein folgt die Beschreibung der Landschaft und ihrer Kunstdenkmäler zunächst links, dann rechts des Flusses. An jeder der 80 Stationen dieser Reise durch das Rheintal kommt der Autor schnell zur Sache, verknüpft Gegenwärtiges mit Vergangenem, vermittelt sein Wissen am sichtbaren Objekt – sachlich, kompakt und verständlich.« *Rhein-Zeitung, Koblenz*

»Dieser Reiseführer aus der bewährten Reihe garantiert eine Reise durch das Rheintal, auf der Geschichte, Kunst und Landschaft gleichwertig berücksichtigt werden. Wer bekommt beim Blättern in diesem Band nicht Lust, eine Rheinfahrt zu machen, in Köln und Koblenz zu verweilen, die kleinen Kirchen und Kapellen im weiten Land in Augenschein zu nehmen und sich immer wieder die wichtigsten Punkte dieser geschichtsträchtigen Landschaft in Erinnerung zu bringen.« *Neue Osnabrücker Zeitung*

»In diesem Buch erfährt man nicht nur alles über die Rhein-Landschaft, die reizvollen alten Städte und Ortschaften. Der Autor gibt auch auf anderen Gebieten wichtige und nützliche praktische Hinweise.« *Südwestfunk*

Eine Reise durch das Rheintal –
Geschichte, Kunst und Landschaft
Von Werner Schäfke. 456 Seiten mit 36 farbigen und 141 einfarbigen Abbildungen, 123 Plänen und Zeichnungen, 8 Seiten praktischen Reisehinweisen, Register, kartoniert (DUMONT Kunst-Reiseführer)